作りおきできる。がっつり!

ごはんの友

上島亜紀

はじめに

炊きたてのごはんが大好きです。ほわほわと湯気の立ったごはんの上に、
おいしいおかずをのせて、ぱくっといただきます。

うちには息子がおりまして、特に小さい頃などはお腹がすくと待っていられず、
パパッと作れて栄養もボリュームもたっぷりで、
お腹がいっぱいになるオンザライス！は、とても便利で本当によく作りました。

今は、旦那さんの実家と私の実家の両親に、
毎週末、作りおきのおかずを届けているのですが、
ごはんと一緒にしっかり食べられるおかずを意識して作っています。

この本には、がっつり食べたい日のお肉やお魚のボリュームおかず、
ちょっと軽く食べたい日の野菜や豆腐のおかずなど、いろいろ選んで作れる、
ごはんにのせておいしい料理をたくさん載せています。

ごはんに合うしっかりした味つけのおかずは、
お弁当のおかずやお酒のおつまみにもぴったりです。
作ったその日にまず、ごはんにのせて食べたあと、
残りを作りおきとして保存しておけば、
忙しい日のごはんや小腹をすかせた日のごはんなどに、とても便利に使えます。

この本がごはん好きの方々のお腹をおいしく満たし、
作りおきとして活躍し、少しでも家事の負担が減りますように…。
手にとってくださった方のお役に立てたらうれしいです。

上島亜紀

もくじ

肉のごはんの友

魚のごはんの友

卵のごはんの友

野菜のごはんの友

豆腐・缶詰・乾物のごはんの友

コラム

【この本での約束ごと】

- 1カップは200㎖、1合は180㎖、大さじ1は15㎖、小さじ1は5㎖です。
- 塩は精製されていないもの、黒こしょうは粗びき黒こしょう、オリーブ油はエキストラ・バージン・オリーブオイル、だし汁は、昆布やかつお節などでとったものを使っています。
- フライパンは、フッ素樹脂加工のものを使っています。
- 電子レンジの加熱時間は、600Wのものを基準にしています。500Wの場合は、1.2倍の時間を目安にしてください。機種によっては、多少差が出ることもあります。

アレンジいろいろ！　ごはんの友

白いごはんと食べるのはもちろん、ごはんに混ぜたり炊き込んだりと、
いろんな楽しみ方ができるごはんの友。パスタとだって仲よしです！

牛肉とまいたけのしぐれ煮で ↓ 炊き込みごはん

p33

●材料（4人分）

牛肉とまいたけのしぐれ煮 … 半量
米 … 2合（360ml）
だし汁 … 2カップ
塩 … 小さじ½
しょうゆ … 大さじ½

米は洗ってざるに5分上げ、だし汁に30分つけ、塩を混ぜてしぐれ煮をのせて普通に炊き、しょうゆを混ぜる。

鶏ひきとしいたけのそぼろで ↓ 混ぜごはん

p17

●材料（2人分）

鶏ひきとしいたけのそぼろ … ¼量
ごはん … 茶碗2杯分
万能ねぎ（小口切り）… 2本

電子レンジなどで温めたそぼろをごはんに混ぜ、万能ねぎを散らす。

にんじんしりしりで ↓ チャーハン風

p60

●材料（2人分）

にんじんしりしり … ⅕量
ごはん … 茶碗2杯分
ロースハム（1cm角に切る）… 4枚
白いりごま … 小さじ1
塩、こしょう … 各少々

電子レンジなどで温めたしりしり、ハム、いりごまをごはんに混ぜ、塩、こしょうで味を調える。

カリカリガーリックじゃこで ↓ ペペロンチーノ

p48

●材料（2人分）

カリカリガーリックじゃこ … ⅓量
スパゲッティ … 200g
赤唐辛子（小口切り）… 1本
オリーブ油 … 大さじ1

スパゲッティは塩（分量外・湯の量の1%）を加えた熱湯でゆで、ゆで汁は¼カップとっておく。フライパンにオリーブ油、赤唐辛子を入れて強めの中火にかけ、香りが出たらじゃこ、スパゲッティを加えて炒め、ゆで汁で味を調える。

肉のごはんの友

ボリューム満点でごはんがもりもり食べられる、肉の味つけのコツは、ずばり「甘辛味」と「うま塩味」。肉に粉をまぶして調味料のからみをよくしたり、肉自体の脂を利用してノンオイルで調理したり、汁けをとばして、味をしっかりつけるのも大切です。

豚しゃぶのキムチあえ

キムチあえにみそを加え、よりごはんのすすむ味に。
豚肉は弱火でゆで、氷水でしめるのがポイントで、
これで余分な脂がとれ、しっとりとおいしくなります。
ゆでたもやしを加えたり、白ごまをふるのもおすすめ。

●材料（4～5人分）

豚肩ロース薄切り肉（しゃぶしゃぶ用）… 300g
きゅうり（縦半分に切り、斜め薄切り）… 1本
みょうが（縦半分に切り、せん切り）… 1個
A｜白菜キムチ … 200g
　｜みそ … 大さじ½

① 豚肉は熱湯に入れて
ほぐしながら弱火でゆで、
色が変わったら氷水にとり、水けをふく。

② ボウルにAを入れて混ぜ、❶、きゅうり、
みょうがを加えてあえる。

★保存容器に入れて冷蔵保存し、日持ちは3～4日。冷たいまま食べておいしい。お弁当にもぴったり

豚しゃぶとチンゲンサイの塩炒め

しょうがをきかせた、シンプルな塩味の炒めものです。
チンゲンサイは歯ごたえを残すようにして、
茎→葉の順に加えてシャキッと仕上げて。
野菜は、キャベツや小松菜でも美味です。

●材料（4～5人分）

豚肩ロース薄切り肉（しゃぶしゃぶ用）… 300g
チンゲンサイ（茎は縦6等分、
　葉は長さを3等分に切る）… 2株
しょうが（すりおろす）… 大さじ½
酒 … 大さじ1
塩 … 小さじ1
ごま油 … 大さじ1½

1. フライパンにごま油を熱し、豚肉を強めの中火で炒め、色が変わったらしょうが、塩を加えてなじむまで炒める。
2. チンゲンサイの茎、酒を加えて油が回るまで炒め、チンゲンサイの葉を加えてさっと炒める。

★冷めたら保存容器に入れて冷蔵保存し、日持ちは3～4日。電子レンジなどで温め直して食べる。お弁当にもおすすめ

豚バラとなすの中華みそ炒め

こっくりとしたテンメンジャンが味の決めてで、
みそと混ぜて使うことで、深みのあるひと皿に。
油と合わせるとぐっとおいしくなるなすには、
豚バラ肉の脂をぎゅっと吸わせます。

●材料（4〜5人分）

豚バラ薄切り肉（5cm幅に切る）… 15枚（300g）
なす（乱切りにし、水にさらして水けをふく）… 5本
赤唐辛子（小口切り）… 1本
A｜テンメンジャン、酒 … 各大さじ2
　｜みそ … 大さじ1
　｜にんにく（すりおろす）… 大さじ½

1. フライパンを何もひかずに熱し、豚肉、赤唐辛子を強めの中火で炒め、脂が出たらなすを加え、中火でしんなりするまで炒める。
2. 混ぜたAを回しかけ、強火で汁けがなくなるまで炒める。

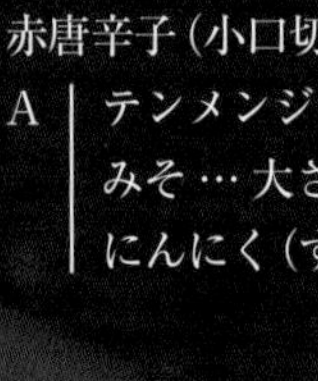

★冷めたら保存容器に入れて冷蔵保存し、日持ちは3〜4日／冷凍室で約2週間。
電子レンジなどで温め直して食べる

豚バラと大根のこっくり煮

うちの息子の大好物の煮ものです。
大根をスライサーで切れば、すぐに火が通り、
ひらひらした大根の食感が、また絶妙なのです。
豚ひきや鶏ひき肉で作るのもおすすめです。

●材料（4〜5人分）

豚バラ薄切り肉（7cm幅に切る）… 15枚（300g）
大根（ごく薄い輪切り）… ½本
しょうが（薄切り）… ½かけ
A ｜ しょうゆ … 大さじ4
　 ｜ みりん … 大さじ3
　 ｜ 砂糖 … 大さじ2
ごま油 … 大さじ½
一味唐辛子 … 少々

① 鍋にごま油を熱し、豚肉、しょうがを中火で炒め、薄く焼き色がついたら大根を加え、油が回るまで炒める。

② A、水1½カップを加え、煮立ったらオーブンシートの落としぶたとふたをし、中火で15分煮、そのまま5分おく。器に盛り、一味をふる。

★冷めたら保存容器に入れて冷蔵保存し、日持ちは3〜4日。電子レンジなどで温め直して食べる

豚ロース肉とアスパラのオイスター炒め

とんかつ用の厚切りのロース肉で作ると、
肉がガツッと食べられて、ごちそう感が出ます。
豚肉に小麦粉をまぶして炒め、しっかり味をからめるのがコツ。
野菜はいんげんやピーマン、パプリカでも。

●材料（4〜5人分）

豚ロース肉（とんかつ用・7mm幅に切る）…2枚（300g）
｜塩、黒こしょう…各小さじ½
｜小麦粉…大さじ½
グリーンアスパラ（下のかたい皮をむき、斜め4〜5等分に切る）…8本
A｜オイスターソース…大さじ2
　｜酒…大さじ1
　｜しょうが（すりおろす）…大さじ½
サラダ油…大さじ½

① 豚肉は塩、黒こしょうをふって小麦粉をまぶし、サラダ油を熱したフライパンで強めの中火で焼き色がつくまで炒める。

② Aを加えてしっかりからめ、アスパラを加えて油が回るまで炒める。

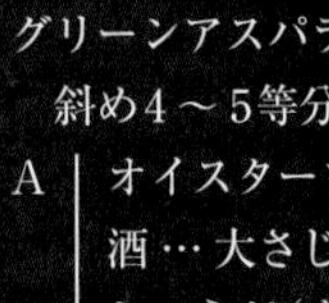

★冷めたら保存容器に入れて冷蔵保存し、日持ちは3〜4日。電子レンジなどで温め直して食べる。お弁当にもどうぞ

ポークチャップ

豚肉は焼きつけてからいったん取り出すことで、やわらかく仕上げます。ソースに加えた玉ねぎのすりおろしが、おいしさのポイント！甘みととろみが加わり、ワンランク上の味わいに。

●材料（4〜5人分）

豚ロース肉（とんかつ用）… 4枚（600g）
- 塩 … 小さじ1
- 黒こしょう … 少々
- 小麦粉 … 大さじ1

A
- ケチャップ … 大さじ6
- ウスターソース、水 … 各大さじ2
- 玉ねぎ（すりおろす）… ½個
- にんにく（すりおろす）… 大さじ½

白ワイン … 大さじ3
オリーブ油 … 大さじ1
パセリ（みじん切り）… 適量

① 豚肉は筋切りし、塩、黒こしょうをふって小麦粉をまぶし、オリーブ油を熱したフライパンで強めの中火で両面にしっかり焼き色をつけ、取り出す。

② 続けて白ワインを煮立たせ、Aを加えて中火で2〜3分煮詰め、❶を戻してからめる。食べやすく切って器に盛り、パセリを散らす。

豚肉は包丁の先で両面を細かく刺し、筋のあるところに切り目を入れて筋切りする。これで、焼いても肉が縮んでそり返らない。

★冷めたら保存容器に入れて冷蔵保存し、日持ちは3〜4日。電子レンジなどで温め直して食べる。お弁当にも合う

にらバーグ

玉ねぎとにんにくを合わせたのと同じくらい、味にパンチをつけてくれるにらが名脇役。はちみつ入りのたれとおろしも相性抜群です。

●材料（4～5人分／8個）

A
- 豚ひき肉…400g
- にら（小口切り）…½束
- 卵…1個
- パン粉…½カップ
- しょうゆ…大さじ1

B
- しょうゆ…大さじ2
- はちみつ…大さじ1½

サラダ油…大さじ½
大根おろし（水けを軽くきる）…¼本分

1. ボウルにAを入れて手でよく混ぜ、8等分して両手でキャッチボールをするようにして空気を抜き、平たい丸形にまとめる。
2. フライパンにサラダ油を熱し、❶の片面に強めの中火で焼き色をつけ、裏返してふたをして弱めの中火で5分焼く。
3. Bを加えてからめながら煮詰め、器に盛って大根おろしを添え、フライパンに残ったたれをかける。

★冷めたらにらバーグのみ保存容器に入れて冷蔵保存し、日持ちは3～4日／冷凍室で約2週間。電子レンジなどで温め直して食べる。お弁当にもグー

豚ひきと大根のメンマ炒め

豚ひきは、ほぐしすぎずにごろりと大きめに炒め、
食感と食べごたえを出すのがポイント。
メンマのうまみをうつすようにしっかり炒めます。
これ、混ぜごはんや塩焼きそばの具にしても合います。

●材料（4〜5人分）

豚ひき肉 … 300g
大根（1.5cm幅の輪切りにし、
　5mm幅の細切り）… ¼本
味つきメンマ（びん詰）… 1びん（100g）
赤唐辛子（小口切り）… 1本
しょうゆ … 大さじ1強

① フライパンを何もひかずに熱し、ひき肉、赤唐辛子を強めの中火で肉をほぐしすぎないように炒め、色が変わって脂が出たら、メンマ、しょうゆを加えてなじむまで炒める。

② 大根を加え、しんなりして味がからむまで炒める。

★冷めたら保存容器に入れて冷蔵保存し、日持ちは3〜4日／冷凍室で約2週間。電子レンジなどで温め直して食べる。炊き込みごはんにしてもいい

サルシッチャ（ハーブ入りつくね）

つなぎを使わず、肉がみっちり詰まったつくねは、ごろっとした食感とジューシーさが絶品の味わい。ハーブは、本場の味に近づくのでぜひ生のものを。ローズマリーやオレガノを使ってもいいですね。

●材料（4～5人分／8個）

A
- 豚ひき肉 … 400g
- にんにく（みじん切り）… 2かけ
- バジルの葉、パセリなど（みじん切り）… 大さじ3
- 白ワイン … 大さじ2
- 塩、黒こしょう … 各小さじ½

オリーブ油 … 大さじ1
レモン … 適量

1. ボウルにAを入れて手でざっくりと混ぜ、8等分して丸める。

2. フライパンにオリーブ油を熱し、❶を平たくつぶして入れ、強めの中火で片面に焼き色をつけ、裏返してふたをして弱めの中火で5分焼く。ふたをとって強火で転がしながら汁けがなくなるまで焼きつけ、器に盛ってレモンを添える。

★冷めたら保存容器に入れて冷蔵保存し、日持ちは3～4日／冷凍室で約2週間。電子レンジなどで温め直して食べる。くずして生クリームとパスタにしても

鶏ひきとしいたけのそぼろ

しいたけは、細かく刻んでうまみを出します。
調味料を加えたら、汁けがなくなるまで炒め、
具材にしっかり甘辛味をからめるのがコツ。
炒めものやコロッケの具にしてもおいしいです。

●材料（4〜5人分）

鶏ひき肉 … 400g
生しいたけ（粗みじん切り）… 6枚
長ねぎ（粗みじん切り）… 2/3本
しょうが（みじん切り）… 1かけ
酒 … 大さじ2
A　しょうゆ … 大さじ3
　　砂糖 … 大さじ2
白いりごま … 大さじ1

① フライパンを何もひかずに熱し、ひき肉、しょうがを強めの中火で炒め、色が変わったらしいたけ、長ねぎを加えて脂が回るまで炒める。

② 酒を加えて煮立たせ、Aを加えて汁けがなくなるまで炒め、火を止めていりごまを混ぜる。

★冷めたら保存容器に入れて冷蔵保存し、日持ちは3〜4日／冷凍室で約2週間。
電子レンジなどで温め直して食べる。混ぜごはんや炊き込みごはん、お弁当にもマル

チキンボールのクリーム煮

チキンボールは熱湯でゆでることで、
ふわふわのやわらかな食感を楽しみます。
牛乳に小麦粉を混ぜて作るお手軽ホワイトソースは、
しっかり煮詰めることでおいしくなります。

●材料（4〜5人分／12個）

A
- 鶏ひき肉 … 400g
- 玉ねぎ（みじん切り）… 1/6個
- 卵 … 1個
- パン粉 … 1/2カップ
- 塩 … 小さじ1/2
- こしょう … 少々

しめじ（ほぐす）… 小2パック（200g）
牛乳 … 1カップ
小麦粉 … 大さじ2
塩 … 小さじ1
こしょう … 少々
バター … 20g
パセリ（みじん切り）… 適量

① ボウルにAを入れ、粘りが出るまで手で練り混ぜ、12等分して両手でキャッチボールをするようにして空気を抜き、直径4cmに丸める。

② フライパンに水1 3/4カップを煮立たせ、❶を中火でゆで、色が変わって固まったらしめじ、塩を加えて5分煮る。

③ 牛乳1/4カップを取り分けて小麦粉をよく混ぜ、残りの牛乳に加えて混ぜ、❷に加えて強めの中火で混ぜながら3〜4分煮てとろみをつける。こしょうをふり、バターを溶かして火を止め、器に盛ってパセリを散らす。

★冷めたら保存容器に入れて冷蔵保存し、日持ちは3〜4日。電子レンジなどで温め直して食べる

ごろごろごぼうのドライカレー

ごぼうはたたいてから大きめに切って、
食感をよくしつつ、味をしみやすくします。
クミンとカレー粉のスパイシーな香りに、
はちみつのコクと酸味をきかせました。

●材料（4～5人分）

合びき肉…400g
ごぼう（よく洗って皮ごとめん棒でたたき、
7mm角に切り、水にさらして水けをきる）
…1本

A
- にんにく、しょうが（すりおろす）…各大さじ$\frac{2}{3}$
- クミンシード…小さじ1

カレー粉…大さじ2

B
- ケチャップ…大さじ3
- 中濃ソース…大さじ2
- はちみつ…大さじ1
- 塩…小さじ1

1. フライパンを何もひかずに熱し、ひき肉、Aを強めの中火で炒め、色が変わったらごぼうを加えて脂が回るまで炒め、カレー粉を加えて香りが出るまで炒める。
2. B、水$\frac{1}{2}$カップを加え、中火で汁けがなくなるまで3～4分煮詰める。

クミンシードは、インド料理などによく使われるスパイス。カレー、肉や野菜の炒めもの、マリネやピクルスのほか、キャロットラペに入れても美味。

★冷めたら保存容器に入れて冷蔵保存し、日持ちは4～5日／冷凍室で約2週間。
電子レンジなどで温め直して食べる。お弁当にもぜひ

肉団子の甘酢あん

ひき肉はざっくり混ぜて肉感を残すと、
ぐっとボリュームのある仕上がりに。
甘酢あんは材料をボウルに混ぜ、
電子レンジでチンする簡単レシピです。

●材料（4〜5人分／12個）

A
- 合びき肉…400g
- 長ねぎ（みじん切り）…1本
- 卵…$\frac{1}{2}$個分
- パン粉…$\frac{1}{2}$カップ
- 塩…小さじ$\frac{2}{3}$
- 黒こしょう…小さじ$\frac{1}{3}$

B
- ケチャップ、水…各大さじ3
- しょうゆ…大さじ2
- 酢、砂糖…各大さじ1
- 片栗粉…小さじ1

揚げ油、香菜《シャンツァイ》（あれば）…各適量

1. ボウルにAを入れて手でざっくりと混ぜ、12等分して両手でキャッチボールをするようにして空気を抜き、直径4cmに丸める。

2. フライパンに揚げ油を1.5cm入れて中温（180℃）に熱し、❶を時々返しながらこんがり4分揚げる。

3. 耐熱ボウルにBを混ぜ、ラップをかけずに電子レンジで2分加熱し、よく混ぜてとろみをつけ、❷をからめる。器に盛り、香菜をのせる。

★冷めたら保存容器に入れて冷蔵保存し、日持ちは3〜4日。電子レンジなどで温め直して食べる。お弁当にもぴったり。あんをからめる前なら冷凍室で約2週間保存でき、めんつゆ＋片栗粉のほか、スイートチリソースをからめたり、カレーやパスタに加えるなど味つけも自在

チリコンカン

ひき肉の脂で野菜と豆を炒めることで、
濃厚でコクのあるトマトソースになります。
ゆでたじゃがいもにチーズと一緒にかけたり、
トーストやショートパスタと合わせても。

●材料（4〜5人分）

合びき肉 … 400g
玉ねぎ（みじん切り）… ½個
ミックスビーンズ（ドライパック）… 200g
A｜にんにく（みじん切り）… 2かけ
　｜赤唐辛子（小口切り）… 1½本
ホールトマト缶 … 1缶（400g）
B｜中濃ソース … 大さじ3
　｜塩 … 小さじ1
　｜ローリエ … 1枚
黒こしょう … 少々

1. フライパンを何もひかずに熱し、ひき肉、Aを強めの中火で炒め、色が変わったら玉ねぎ、ミックスビーンズを加え、玉ねぎが透き通るまで炒める。
2. ホールトマト（つぶしながら）、B、水½カップを加え、中火で汁けがなくなるまで4〜5分煮詰め、黒こしょうをふる。

★冷めたら保存容器に入れて冷蔵保存し、日持ちは3〜4日／冷凍室で約2週間。
電子レンジなどで温め直して食べる。お弁当にもおすすめ

鶏肉のしょうが照り焼き

ジューシーな鶏肉、大きめに切った長ねぎに
甘辛だれをからめた、ごはんにぴったりのひと皿。
鶏肉は余分な水分をふくと、ワンランク上の味になります。
野菜はししとう、玉ねぎ、かぶを使っても。

●材料（4～5人分）

鶏もも肉（水けをふいて厚みを均一にし、
　縦横半分に切る）… 2枚（600g）
長ねぎ（4cm幅に切る）… 1本
しょうが（薄切り）… ¼かけ
A ｜しょうゆ、砂糖、水 … 各大さじ2
　｜みりん … 大さじ1½
粉山椒 … 少々

1. フライパンを何もひかずに熱し、鶏肉（皮目から）、長ねぎ、しょうがを入れ、強めの中火で鶏肉の皮目に焼き色をつけ、鶏肉を裏返してAを加える。
2. 鶏肉を時々返しながら、強火でとろみがつくまで4～5分煮詰める。器に盛り、粉山椒をふる。

★冷めたら保存容器に入れて冷蔵保存し、日持ちは3～4日／冷凍室で約2週間。
電子レンジなどで温め直して食べる。お弁当にもどうぞ

トマトガーリックチキン

こんがり焼いた鶏肉の脂とうまみを
トマトソースにしっかりうつしたら、
鶏肉を戻して7～8分煮込むのがポイント。
たっぷりのにんにくで、ごはんがすすむ味です。

●材料（4～5人分）

鶏もも肉（水けをふいて厚みを均一にし、
縦横半分に切る）…2枚（600g）

A | にんにく（みじん切り）…3かけ
　| セロリ（みじん切り）…1本

白ワイン…¼カップ
ホールトマト缶…1缶（400g）
塩…小さじ1
黒こしょう…小さじ½
セロリの葉（あれば・せん切り）…適量

1. 鶏肉は塩小さじ1、黒こしょう小さじ½（ともに分量外）をふり、何もひかずに熱したフライパンで強めの中火で皮目にしっかり焼き色をつけ、裏返してさっと焼いて取り出す。

2. 続けてAを強めの中火で炒め、セロリが透き通ったら白ワインを加えて煮立たせ、ホールトマト（つぶしながら）、塩、水½カップを加えてひと煮立ちさせる。

3. ❶を戻し、時々返しながら強めの中火で汁けがなくなるまで7～8分煮詰め、黒こしょうをふる。器に盛り、セロリの葉を散らす。

★冷めたら保存容器に入れて冷蔵保存し、日持ちは3～4日／冷凍室で約2週間。
電子レンジなどで温め直して食べる。お弁当にも合う

レンチン蒸し鶏のバンバンジー

電子レンジで手軽に作る蒸し鶏は、香味野菜をのせることで、ぐっとおいしくなります。蒸し汁がおいしいので、ごまだれにぜひ加えて。野菜は、せん切りキャベツなどでもいいですね。

●材料（4～5人分）

鶏むね肉（水けをふく）…2枚（600g）　＊ここから1枚分を使用
- 塩…小さじ1
- 酒…大さじ3
- 長ねぎの青い部分、しょうがの皮、セロリの葉など…各適量

もやし（さっとゆでる）…1袋（200g）
きゅうり（縦半分に切り、斜め薄切り）…1本
A
- 白すりごま、しょうゆ、蒸し鶏の蒸し汁…各大さじ2
- 白練りごま、食べるラー油…各大さじ1
- 酢…小さじ1

万能ねぎ（小口切り）…適量

① 鶏肉は両面に塩をすり込んで10分おき、耐熱皿に皮目を上にしてのせ、香味野菜をのせて酒を回しかける。ラップをふんわりかけて電子レンジで6分加熱し、裏返して1分30秒加熱し、そのまま2分蒸らす（蒸し汁はとっておく）。

② ボウルにAを入れて混ぜ、❶を1枚分薄いそぎ切りにして加えてあえる。

③ 器にもやし、きゅうりを合わせて盛り、❷をのせ、万能ねぎを散らす。

レンチン蒸し鶏は鶏肉の皮目を上にし、香味野菜をのせてチン。これで、皮の脂が肉にしみておいしくなる。

★保存容器に野菜を下にして入れて冷蔵保存し、日持ちは3～4日。冷たいまま食べておいしい。お弁当にもグー。レンチン蒸し鶏は、冷蔵室で3～4日／蒸し汁ごと冷凍保存し、約2週間

レンチン蒸し鶏とれんこんのゆずこしょうマヨあえ

さっとゆでて水にくぐらせたれんこんのシャキシャキッとした食感が最高！
せん切りじゃがいもで作っても美味です。

●材料（4〜5人分）

レンチン蒸し鶏（右ページ参照）…1枚分
れんこん（よく洗って皮ごと5mm幅の輪切りにし、水にさらす）… 小1節（150g）
みょうが（縦半分に切り、せん切り）…2個
A　マヨネーズ … 大さじ4
　　ゆずこしょう … 小さじ1
　　塩 … 小さじ½

① れんこんは塩少々（分量外）を加えた熱湯に入れ、再び沸騰したら湯をきり、さっと水にくぐらせて水けをふく。

② ボウルにAを入れて混ぜ、食べやすくさいた蒸し鶏、❶、みょうがを加えてあえる。

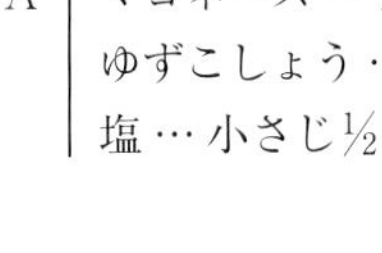

★保存容器に入れて冷蔵保存し、日持ちは３〜４日。冷たいまま食べておいしい。お弁当にもマル

揚げ鶏むね肉の甘辛ごまあえ

鶏むね肉は小麦粉をまぶして揚げることで、ぐっとやわらかく、ジューシーに。揚げたら油をきらずにそのままたれに加え、コクのあるつけだれにしてからめます。

●材料（4〜5人分）

鶏むね肉（水けをふき、4cm角のそぎ切り）…2枚（600g）
小麦粉…大さじ3
A｜しょうゆ…大さじ2½
　｜砂糖…大さじ2
　｜白いりごま…大さじ1
　｜赤唐辛子（小口切り）…1本
揚げ油…適量

1. ボウルにAを混ぜておく。
2. フライパンに揚げ油を1.5cm入れて高温（190℃）に熱し、小麦粉を薄くまぶした鶏肉を片面1分30秒ずつカラリと揚げ、そのまま❶に加えてからめる。

★冷めたら保存容器に入れて冷蔵保存し、日持ちは3〜4日／冷凍室で約2週間。電子レンジなどで温め直して食べる。お弁当にもぜひ

鶏むね肉の野菜あんかけ

鶏むね肉にまぶす片栗粉は、肉をしっとりさせ、
あんにゆるいとろみをつける役割があります。
野菜はすべて細めに切って、どっさりと。
いんげん、パプリカ、大根で作っても合います。

●材料（4～5人分）

鶏むね肉（水けをふき、8等分のそぎ切り）
　…2枚（600g）
｜塩…小さじ1
｜片栗粉…大さじ2
玉ねぎ（薄切り）…½個
にんじん（5cm長さのせん切り）…½本
ピーマン（せん切り）…3個
A｜しょうゆ、みりん…各大さじ2
サラダ油…大さじ1½

① 鶏肉は塩をふって片栗粉をまぶし、サラダ油を熱したフライパンで強火で両面に薄く焼き色をつけ、取り出す。

② 続けて玉ねぎ、にんじん、ピーマンを強火で炒め、油が回ったら❶、A、水1カップを加え、とろみがつくまで3～4分煮詰める。

★冷めたら保存容器に入れて冷蔵保存し、日持ちは3～4日。電子レンジなどで温め直して食べる

とり天のポン酢がけ

ささみは、濃いめに溶いた天ぷら粉でさくさくに揚げて。
すりおろし玉ねぎ入りのポン酢が絶品！　このたれ、
かつおのたたきや豆腐サラダ、しゃぶしゃぶにもどうぞ。

ささみときゅうりの高菜あえ

うまみの宝庫の高菜漬けがあれば、
あえものの味つけはこれ一発で決まり！
キムチなど、ほかの漬けもので作ってもいいですよ。

●材料（4～5人分）

鶏ささみ（筋を除いて水けをふき、
3等分のそぎ切り）… 5本（300g）
塩 … 小さじ½
A｜天ぷら粉 … 1カップ（100g）
｜水 … 110ml
揚げ油 … 適量
B｜ポン酢じょうゆ … ½カップ
｜玉ねぎ（すりおろす）… 大さじ2

1. ボウルにBを混ぜ、冷蔵室で10分以上おく。
2. ささみは塩をふって
天ぷら粉大さじ1（分量外）をまぶし、
混ぜたAをからめ、フライパンに1.5cm入れて
中温（180℃）に熱した揚げ油で
片面1分30秒ずつカラリと揚げる。
器に盛り、❶をかける。

★冷めたらとり天とたれを別々に保存容器に入れて冷蔵保存し、日持ちは2～3日。
オーブントースターや電子レンジなどで温め直して食べる。お弁当にもぴったり

●材料（4～5人分）

鶏ささみ（筋を除き、水けをふく）… 5本（300g）
｜塩 … 小さじ½
｜酒 … 大さじ1
きゅうり（縦半分に切り、斜め薄切り）… 1本
高菜漬け（7mm幅の細切り）… ⅓カップ（80g）
A｜しょうゆ、ごま油 … 各大さじ1
｜白いりごま … 大さじ½

1. ささみは塩をふり、耐熱皿にのせて
酒を回しかけ、ラップをふんわりかけて
電子レンジで4分加熱し、
そのまま2分蒸らす。
粗熱がとれたら食べやすくさく。
2. ボウルに❶、きゅうり、高菜、Aを入れ、
よく混ぜる。

★保存容器に入れて冷蔵保存し、日持ちは3～4日。冷たいまま食べておいしい。お弁当にもおすすめ

チャーシュー

魚焼きグリルで、10分ほど焼くだけで作れるレシピです。
豚肉は厚みを半分に切り、切り目を入れてたれをしみ込ませて。
こんがりとした焼き目の香ばしさが格別です。

●材料（4〜5人分）

豚肩ロースかたまり肉…500g

A
- 砂糖…大さじ6
- テンメンジャン…大さじ4
- しょうゆ…大さじ3
- ごま油、しょうが（すりおろす）…各大さじ1
- にんにく（すりおろす）…大さじ½
- 花椒《ホワジャオ》（ホール）、五香粉《ウーシャンフェン》（左ページ参照）…各小さじ1

①豚肉は厚みを半分に切り、それぞれの両面を包丁の先で細かく刺して筋切りし（p13参照）、混ぜたAに加えて冷蔵室でひと晩おく。

②魚焼きグリルの網にサラダ油適量（分量外）を塗り、網の下にアルミホイルを敷き、汁けを軽くふいた❶を弱火で10〜12分焼き（こげそうならアルミホイルをかぶせて）、そのまま2分おく。

③耐熱ボウルに❶の漬けだれを入れ、ラップをかけずに電子レンジで2分加熱する。❷を食べやすく切って器に盛り、これをかける。

花椒（ホワジャオ）は中国の山椒で、強い辛みと香りが特徴。麻婆豆腐のほか塩、しょうゆ、みそ味の炒めものにふっても。

★冷めたらチャーシューと漬けだれを別々に保存容器に入れて冷蔵保存し、日持ちは3〜4日／冷凍室で約2週間。電子レンジなどで温め直して食べる。レタスできゅうり、青じそとともに包んで食べても。お弁当にもどうぞ

ルーローハン

豚肉を甘辛く煮てごはんにかけた、台湾の名物ごはん。
鍋に材料を入れたら、あとは放っておくだけです。
コトコト煮込んだ豚バラの、こっくりとしたおいしさ！
五香粉《ウーシャンフェン》の香りで、ぐっと本場の味に近づきます。

●材料（4〜5人分）

豚バラかたまり肉
（1cm幅に切る）… 500g
ゆで卵 … 4個
A | しょうゆ … 大さじ4
砂糖、酒 … 各大さじ3
オイスターソース … 大さじ2
五香粉《ウーシャンフェン》… 小さじ1
香菜《シャンツァイ》… 適量

五香粉（ウーシャンフェン）は八角、花椒（ホワジャオ）などが入った中国のミックススパイス。肉の煮込み、肉や野菜の蒸しものにもぜひ。

① 鍋に豚肉、A、水$1\frac{1}{2}$カップを入れて強めの中火にかけ、煮立ったらアクをとり、ゆで卵を加えてオーブンシートの落としぶたとふたをし、弱火で50分煮る。

② ゆで卵を半分に切って器に盛り、香菜をのせる。

★冷めたら保存容器に入れて冷蔵保存し、日持ちは3〜4日／ゆで卵をはずして汁ごと冷凍保存し、約2週間。電子レンジなどで温め直して食べる

●材料（4〜5人分）

牛切り落とし肉（食べやすく切る）… 200g
まいたけ（ほぐす）… 小2パック（200g）
しょうが（せん切り）… 1かけ
酒 … 大さじ1
A ｜ しょうゆ、砂糖 … 各大さじ2
白いりごま … 大さじ½

1. フライパンを何もひかずに熱し、牛肉、しょうがを強めの中火で炒め、色が変わって脂が出たらまいたけを加え、焼きつけるように炒める。

2. まいたけがこんがりしたら、酒を加えて煮立たせ、Aを加えて汁けがなくなるまで炒め、いりごまを混ぜる。

★冷めたら保存容器に入れて冷蔵保存し、日持ちは4〜5日。電子レンジなどで温め直して食べる。お弁当にも合う

●材料（4〜5人分）

牛切り落とし肉（食べやすく切る）… 200g
ごぼう（よく洗って皮ごと斜め薄切りにし、水にさらして水けをきる）… ½本
A ｜ コチュジャン、しょうゆ、水 … 各大さじ2
　｜ 砂糖 … 大さじ1
　｜ にんにく（すりおろす）… 小さじ1
白いりごま … 大さじ1

1. フライパンを何もひかずに熱し、牛肉を強めの中火で炒め、色が変わって脂が出たらごぼうを加え、脂が回るまで炒める。

2. Aを加えて汁けがなくなるまで炒め、いりごまを混ぜる。

★冷めたら保存容器に入れて冷蔵保存し、日持ちは4〜5日。電子レンジなどで温め直して食べる。お弁当にもグー

牛肉とまいたけのしぐれ煮

焼いた牛肉のコクたっぷりの脂がごちそう。それをまいたけにからめ、ボリュームアップします。甘辛味で、ごはんがもりもりすすみます。

牛肉とごぼうの韓国風しぐれ煮

ごぼうは皮目が香りが強くておいしいので、しっかり洗って皮ごと使いましょう。コチュジャン風味のパンチのある味わいです。

牛肉とパプリカのスパイシー炒め

メキシコ風のアメリカ料理「ファフィータ」をアレンジ。
チリパウダーのスパイシーな辛さに、
はちみつのやさしい甘みと酸味を加えました。
野菜は最後に加え、歯ごたえを生かします。

●材料（4〜5人分）

牛切り落とし肉（食べやすく切る）… 300g
｜塩 … 小さじ½
｜黒こしょう … 小さじ¼
パプリカ（赤・縦7mm幅に切る）… 1個
玉ねぎ（7mm幅に切る）… ¼個
A｜オイスターソース … 大さじ2
｜はちみつ … 大さじ1
｜チリパウダー、にんにく（すりおろす）
｜… 各小さじ1
チリパウダー … 少々

① 牛肉は塩、黒こしょうをふり、何もひかずに熱したフライパンで強めの中火で炒め、色が変わって脂が出たらAを加え、なじむまで炒める。

② パプリカ、玉ねぎを加えてしんなりするまで炒め、器に盛ってチリパウダーをふる。

チリパウダーは唐辛子にオレガノ、クミンなどを混ぜたミックススパイス。揚げた鶏肉にふりかけたり、白身魚の揚げものの下味に加えても美味。

★冷めたら保存容器に入れて冷蔵保存し、日持ちは2〜3日。電子レンジなどで温め直して食べる。お弁当にもマル

プルコギ

玉ねぎはごく薄く切り、先にたれと合わせ、
その甘みとうまみをうつすのがポイント。
玉ねぎの余分な水分が出ず、日持ちもよくなります。
にらは最後にさっと火を通し、食感と香りを残して。

●材料（4〜5人分）

牛切り落とし肉（食べやすく切る）… 300g
にら（4cm幅に切る）… ½束
塩 … 小さじ½
A｜玉ねぎ（ごく薄切り）… ½個
｜にんにく、しょうが（すりおろす）
｜… 各大さじ½
｜しょうゆ … 大さじ3
｜砂糖 … 大さじ2
｜酒 … 大さじ1
｜粗びき粉唐辛子 … 小さじ1
粗びき粉唐辛子 … 少々

1. Aは混ぜて10分おく。
2. 牛肉は塩をふり、何もひかずに熱したフライパンで強めの中火で炒め、色が変わったらAを加えて汁けがなくなるまで炒め、にらを加えてさっと炒める。器に盛り、粉唐辛子をふる。

粗びき粉唐辛子は韓国料理に使われ、うまみと甘みを備えた辛みが特徴。チゲ鍋や浅漬けキムチ、中国・韓国料理に使うと本格味に。

★冷めたら保存容器に入れて冷蔵保存し、日持ちは3〜4日。電子レンジなどで温め直して食べる。お弁当にもぜひ

牛肉のトマトケッパー煮

ケッパーの酸味、生トマトの甘みと酸味が、
牛肉に絶妙にからんだ、私のお気に入りのひと皿です。
トマトはくずれすぎないよう、乱切りにして。
これ、オムレツにかけるのもおすすめです。

●材料（4〜5人分）

牛切り落とし肉（食べやすく切る）… 300g
A ｜ 塩、黒こしょう … 各小さじ½
トマト（大きめの乱切り）… 小4個
にんにく（半分に切って芽を除き、薄切り）
　… 1かけ
ケッパー … 大さじ3
塩 … 小さじ½
オリーブ油 … 大さじ1
パセリ（みじん切り）… 適量

1. フライパンにオリーブ油、にんにくを入れて
強めの中火にかけ、香りが出たら
Aをふった牛肉を加え、色が変わるまで炒める。

2. トマト、ケッパー、塩を加えて
とろみがつくまで煮詰め、
器に盛ってパセリを散らす。

サーモンと合わせることでおなじみのケッパー。トマト味の煮込みに加えたり、刻んでサラダのドレッシングや、タルタルソースにも。

★冷めたら保存容器に入れて冷蔵保存し、日持ちは2〜3日。電子レンジなどで温め直して食べる。お弁当にもぴったり

魚のごはんの友

魚をおいしく食べる＝水分とくさみとの戦い。
塩をふって少しおき、余分な水けをふきとれば、
ひと味もふた味も違って、ぐんとおいしくなります。
刺身からしぐれ煮まで、日持ちはやや短めですが、
和洋中エスニック、バラエティ豊かな味を集めました。

鮭の南蛮漬け

甘酢はポン酢を使って手軽に。みりんを加えるのがミソです。
鮭を揚げたら、熱々をすぐにたれに加えることで、
鮭のうまみがうつり、野菜はしんなりと食べやすくなります。
魚は、かじきやあじで作るのもおすすめ。

●材料（4～5人分）

生鮭の切り身（長さを3等分に切る）
　…4枚（400g）
　│塩…小さじ½
　│小麦粉…大さじ1½
玉ねぎ（薄切り）…½個
にんじん（5cm長さのせん切り）
　…½本
ピーマン（せん切り）…3個
A│ポン酢じょうゆ…大さじ4½
　│みりん（煮きったもの）
　│　…大さじ2
揚げ油…適量

① ボウルにAを入れ、野菜を漬けておく。鮭は塩をふって冷蔵室で10分おき、水けをふいて小麦粉をまぶす。

② フライパンに揚げ油を1.5cm入れて高温（190℃）に熱し、鮭を片面2分30秒ずつカラリと揚げ、そのまま❶のボウルに加えて15分以上おく。

みりんを加熱しないで使う時は、沸騰させてアルコール分をとばす（＝煮きる）。みりん大さじ2の場合、ラップをかけずに電子レンジで1分加熱して。

★冷めたら保存容器に入れて冷蔵保存し、日持ちは2～3日。冷たいまま食べておいしい。お弁当にもおすすめ

ごろごろ鮭フレーク

おなじみの鮭フレークも、自分で作るとやわらかくて美味。
ごろっと大きめにほぐせば、メイン感満点です。
混ぜごはんや炊き込みごはん、焼きうどんの具にしたり、
わさびを添えてお茶漬けに、大根おろしとあえものにしても。

●材料（4～5人分）

生鮭の切り身（水けをふく）
…4枚（400g）

A
- しょうゆ、みりん…各大さじ2
- しょうがの皮…1かけ分

B
- しょうが（せん切りにし、水にさっとさらす）…1かけ
- しょうゆ…大さじ1
- 白いりごま…大さじ½

① ファスナー式の保存袋に鮭、Aを入れ、空気を抜いて密封し、冷蔵室で1時間おく。

② 魚焼きグリルの網にサラダ油適量（分量外）を塗り、❶を弱火でこんがり8～10分焼く。皮と骨を除いて大きめにほぐし、Bを加えてざっくり混ぜる。

★冷めたら保存容器に入れて冷蔵保存し、日持ちは2～3日／冷凍室で約2週間。
冷たいままでもいいが、温め直すとよりおいしい。お弁当にもマル

かじきのきのこあんかけ

かたくなりがちなかじきは、小麦粉をまぶして焼くのがコツ。
焼き色をつけたら取り出し、火を通しすぎないようにします。
きのこはしめじのほか、2種類を混ぜて使っても。
魚は、生鮭や生たらで作ってもおいしいですよ。

●材料（4〜5人分）

かじきの切り身（長さを半分に切る）…4枚（400g）
塩…小さじ½
小麦粉…大さじ1½
しめじ（ほぐす）…小2パック（200g）
A　みりん…大さじ3
　しょうゆ…大さじ2
　片栗粉…小さじ1½
　しょうが（すりおろす）…小さじ½
　水…1カップ
サラダ油…大さじ2

① かじきは塩をふって冷蔵室で10分おき、水けをふいて小麦粉をまぶす。サラダ油を熱したフライパンで強めの中火で両面に焼き色をつけ、取り出す。

② 続けてしめじを強めの中火で炒め、焼き色がついたら混ぜたAを加えて混ぜながらとろみをつけ、❶を戻してからめる。

★冷めたら保存容器に入れて冷蔵保存し、日持ちは2〜3日。電子レンジなどで温め直して食べる

揚げかじきのヤンニョムあえ

コチュジャンベースで香味野菜入りの、このたれが絶品！
焼いた肉にかけたり、揚げものにからめれば、
ごはんがすすむおかずが次々生まれます。かじきは粉をまぶし、
揚げるそばから、どんどんたれにからめるだけです。

●材料（4〜5人分）

かじきの切り身（縦長に3等分に切る）
…4枚（400g）
｜塩…小さじ½
｜小麦粉…大さじ1½
ヤンニョムジャン…大さじ3
揚げ油、万能ねぎ（小口切り）…各適量

【ヤンニョムジャン】（作りやすい分量）

コチュジャン…大さじ5½
オイスターソース、はちみつ…各大さじ2
白いりごま…大さじ1
にんにく（すりおろす）…小さじ1
長ねぎ（みじん切り）…⅙本
にら（みじん切り）…1本
⇒よく混ぜる

★保存容器に入れて冷蔵保存し、日持ちは約1か月。揚げものにからめたり、サムギョプサル（豚バラの焼き肉）やゆで豚のたれ、ギョウザのたねに加えても美味

① かじきは塩をふって冷蔵室で10分おき、水けをふいて小麦粉をまぶす。ボウルにヤンニョムジャンと水大さじ1を混ぜておく。

② フライパンに揚げ油を1.5cm入れて高温（190℃）に熱し、かじきを片面2分30秒ずつカラリと揚げ、そのまま❶のたれに加えてからめる。器に盛り、万能ねぎを散らす。

★冷めたら保存容器に入れて冷蔵保存し、日持ちは2〜3日。電子レンジなどで温め直して食べる。お弁当にもどうぞ

さばの竜田揚げ

さばは、たれに必ず1時間漬けるのを忘れずに。
これで味が中まで入り、たれをぬぐわずに片栗粉をまぶすと、
粉がたっぷりついて、ザクッ、カリカリッと揚がります。
しっかり味なので、お弁当のおかずにも合います。

●材料（4〜5人分）

さば（三枚おろし）… 大1尾分（400g）

A | しょうゆ … 大さじ2
　| 砂糖 … 大さじ1
　| にんにく、しょうが（すりおろす）… 各小さじ½

片栗粉 … 大さじ3

揚げ油、しょうゆ … 各適量

① さばは水けをふき、中央の骨を切り落とし、それぞれ長さを3等分に切り、Aをからめて冷蔵室で1時間おく。

② ❶に片栗粉をしっかりまぶし、フライパンに1.5cm入れて高温（190℃）に熱した揚げ油で片面2分30秒ずつカラリと揚げる。器に盛り、しょうゆをかけて食べる。

さばは中央の骨の両脇に包丁を入れ、骨を切りとる。骨抜きを使うと身がくずれるので、この方法で。このあと、それぞれ長さを3等分（1枚を6等分）に切る。

★冷めたら保存容器に入れて冷蔵保存し、日持ちは2〜3日／冷凍室で約2週間。電子レンジなどで温め直して食べる。お弁当にもグー

さばとなすのみそ煮

さばは皮目を焼きつけ、香ばしさをプラスして。
なすは油をからめて焼くと、少ない油でも美味です。

●材料（4～5人分）

さば（三枚おろし・長さを4等分に切り、水けをふく）
　… 大1尾分（400g）
なす（縦半分に切り、皮目に斜め5mm幅の切り込みを
　入れ、長さを半分に切り、水にさらす）… 3本
A｜みそ、みりん … 各大さじ3
　｜しょうゆ … 大さじ1$\frac{1}{2}$
　｜しょうが（せん切り）… 1かけ
サラダ油 … 大さじ1
七味唐辛子 … 少々

① なすは水けをふき、ビニール袋に入れてサラダ油をからめ、何もひかずに熱したフライパンで強めの中火で皮目に焼き色をつける。裏返してさばを皮目から加え、両面に焼き色をつける。

② A、水$\frac{1}{2}$カップを加え、煮立ったらオーブンシートの落としぶたとふたをし、強めの中火で6～7分煮、ふたをとって煮詰める。器に盛り、七味をふる。

★冷めたら保存容器に入れて冷蔵保存し、日持ちは2～3日。電子レンジなどで温め直して食べる

まぐろのポキ

まぐろは、塩でくさみと水けを除くのが大切。
うまみがねっとりと凝縮し、最高の味わいに。

●材料（4～5人分）

まぐろの刺身 … 1さく（200g）
玉ねぎ（みじん切り）… $\frac{1}{6}$個
万能ねぎ（小口切り）… 3本
塩 … 小さじ$\frac{1}{3}$
A｜オリーブ油 … 大さじ1
　｜しょうゆ … 大さじ$\frac{1}{2}$
　｜にんにく（すりおろす）… 小さじ$\frac{1}{2}$

① まぐろは塩をふって冷蔵室で15分おき、水けをふいて1.5cm角に切る。

② ボウルにA、❶、玉ねぎ、万能ねぎを入れて混ぜ、冷蔵室で30分おく。

★保存容器に入れて冷蔵保存し、その日のうちに食べて。残ったら、チャーハンやスープに入れると美味

あじのなめろう

あじは包丁でたたき、みそや香味野菜と一体化させて。小骨も気にならず、丸ごと食べられます。

●材料（4〜5人分）

あじ（刺身用・三枚おろし）… 2尾分（150g）
みそ … 大さじ1
しょうゆ … 大さじ$\frac{1}{2}$
A ｜万能ねぎ（小口切り）… 3本
　｜しょうが（みじん切り）… 1かけ
　｜白いりごま … 大さじ1
青じそ … 適量

① あじは皮をむいて水けをふき、7mm幅に切る。
みそ、しょうゆを加えて包丁で軽くたたきながらよく混ぜ、Aを加えてさらにたたいて混ぜる。

② 青じそとともに器に盛る。

★保存容器に入れて冷蔵保存し、その日のうちに食べて。残ったら、片栗粉を加えてつみれ汁に、青じそに塗って天ぷらにしても

鯛のごまあえ

鯛は塩でしめることで、味がぐっと濃厚に。身がしまって、歯ごたえもよくなります。

●材料（4〜5人分）

鯛の刺身 … 1さく（200g）
塩 … 小さじ$\frac{1}{4}$
A ｜白すりごま、みりん（煮きったもの・p38参照）
　｜　… 各大さじ3
　｜みそ … 大さじ2
　｜しょうゆ … 大さじ1
　｜万能ねぎ（小口切り）… 3本
　｜しょうが（すりおろす）… 小さじ1
白いりごま … 適量

① 鯛は塩をふって冷蔵室で15分おき、水けをふいて7mm幅に切る。

② ボウルにAを入れて混ぜ、❶を加えてあえる。器に盛り、いりごまをふる。

★保存容器に入れて冷蔵保存し、その日のうちに食べて。残ったら、もやしなどの野菜と炒めものに、だしをかけて鯛茶漬けにしても

かつおと長ねぎのしぐれ煮

かつおは薄く切った長ねぎを合わせることで、
特有のパサつきをなくし、しっとりと煮上げます。
長ねぎの甘みと香りで、奥深い味わいに。
混ぜごはん、焼きうどんの具にしてもいけます。

●材料（4〜5人分）

かつおの刺身（水けをふき、1.5cm幅に切る）…1さく（400g）
長ねぎ（斜めにごく薄切り）…1本
しょうが（せん切り）…1かけ

A
- しょうゆ…大さじ3
- 砂糖、みりん…各大さじ2
- 酒…1/4カップ
- 赤唐辛子（小口切り）…1本

1. 鍋にA、水1/2カップを煮立たせ、かつお、長ねぎ、しょうがを加え、オーブンシートの落としぶたとふたをし、中火で時々返しながら7〜8分煮る。
2. ふたをとり、強めの中火で汁けが少なくなるまで煮詰める。

★冷めたら保存容器に入れて冷蔵保存し、日持ちは3〜4日／冷凍室で約2週間。
冷たいままでもいいが、温め直すとよりおいしい。お弁当にもぴったり

さわらのガーリックマヨソテー

さわらはドライハーブをふって香りをプラスし、にんにくマヨをからめて、コクたっぷりに焼き上げます。にんにくのパンチのある香りと、輪切りにしたピーマンのほろ苦さと食感が、絶妙の組み合わせです。

●材料（4～5人分）

さわらの切り身…4枚（400g）
｜塩…小さじ½
｜ミックスハーブ（ドライ）…小さじ1
｜小麦粉…大さじ1½
ピーマン（7mm幅の輪切り）…4個
A｜マヨネーズ…大さじ6
　｜にんにく（すりおろす）…小さじ1
オリーブ油…大さじ1

1. さわらは塩をふって冷蔵室で15分おき、水けをふいてミックスハーブをふり、小麦粉をまぶす。

2. フライパンにオリーブ油を熱し、❶の皮目に強めの中火で焼き色をつけ、裏返してピーマンを加え、ピーマンを返しながら中火で3～4分焼く。Aを加え、からめながら焼きつける。

ミックスハーブはバジル、オレガノ、パセリ、タイムなどのドライハーブを混ぜたもの。肉や魚のくさみ消しにもなり、1本あると便利。

★冷めたら保存容器に入れて冷蔵保存し、日持ちは1～2日。電子レンジなどで温め直して食べる。お弁当にも合う

白身魚の揚げだし風

粉をまぶしてカリッと焼いた白身魚にだしをかけた、鯛茶漬け風の一品。生たらやすずきで作っても。

●材料（4〜5人分）

鯛の切り身（皮と骨を除き、3等分に切る）… 4枚（400g）

| 塩 … 小さじ½
| 片栗粉 … 大さじ3

A | だし汁 … 3カップ
| 酒 … ¼カップ

B | しょうゆ … 小さじ1
| 塩 … 小さじ1½

サラダ油 … 大さじ2

大根おろし（水けを軽くきる）… ¼本分

しょうが（すりおろす）… 適量

1. 鍋にAを煮立たせ、Bを混ぜておく。鯛は塩をふって冷蔵室で10分おき、水けをふいて片栗粉をまぶす。

2. フライパンにサラダ油を熱し、鯛を強めの中火で片面2分30秒ずつカリッと焼く。器に盛って大根おろしをのせ、だしをかけてしょうがを添える。

★冷めたら鯛とだしを別々に保存容器に入れて冷蔵保存し、日持ちは1〜2日。電子レンジなどで温め直して食べる

たらことしらたきのねぎ塩あえ

たらこの風味に、しょうがをちらっときかせます。しらたきのかわりに、春雨で作ってもおいしい。

●材料（4〜5人分）

たらこ（薄皮を除く）… 大1腹（2本・100g）

しらたき（ざく切り）… 2袋（360g）

万能ねぎ（小口切り）… 3本

しょうが（すりおろす）… 小さじ1

ごま油 … 大さじ1

白いりごま … 大さじ½

塩 … 小さじ½

1. しらたきは熱湯で2〜3分ゆで、ざるに上げて冷ます。

2. ボウルに材料をすべて入れ、よく混ぜる。

★保存容器に入れて冷蔵保存し、日持ちは1〜2日。冷たいまま食べておいしい

カリカリガーリックじゃこ

じゃこは揚げ焼きにし、にんにくの風味をつけて。せん切りじゃがいもや、キャベツと炒めても。

●材料（4〜5人分）

A｜ちりめんじゃこ…1½カップ（100g）
｜にんにく（半分に切って芽を除き、薄切り）…2かけ
｜花椒《ホワジャオ》（ホール・p30参照）…20粒
｜サラダ油…½カップ
しょうゆ…小さじ1

① 小鍋にAを入れて中火にかけ、にんにくに揚げ色がついたら火を止め、しょうゆを混ぜる。

★冷めたら保存容器に入れて冷蔵保存し、日持ちは4〜5日。冷たいまま食べておいしい。豆腐サラダにかけたり、チャーハンやおにぎりの具、ピザの具に。キャベツ、じゃがいも、小松菜、チンゲンサイと炒めたり、お弁当にもぜひ

えびのナンプラー炒め

えびは尾の先を切り、くさみを除くのがコツ。ナンプラーにはちみつも加えたタイ料理風。

●材料（4〜5人分）

殻つきえび（ブラックタイガーなど）…20尾（300g）
片栗粉…大さじ3
A｜にんにく（みじん切り）…2かけ
｜赤唐辛子（小口切り）…1本
B｜ナンプラー…大さじ3
｜はちみつ…大さじ2
香菜《シャンツァイ》（茎はみじん切り、葉はちぎる）…2株
サラダ油…大さじ2

① えびは尾を残して殻をむき、背ワタを除き、尾の先をはさみで切り落とす。片栗粉でもみ、水で洗って水けをふく。

② フライパンにサラダ油、Aを入れて強めの中火にかけ、香りが出たら❶の片面に焼き色をつけ、裏返してB、香菜の茎を加え、汁けがなくなるまで炒める。器に盛り、香菜の葉をのせる。

★冷めたら保存容器に入れて冷蔵保存し、日持ちは2〜3日。電子レンジなどで温め直して食べる

えびカツのタルタルソース添え

某ファストフード店のえびカツが好きすぎて、
家で簡単に作れないかな？と考えてみました。
はんぺんをつぶしてえびと混ぜ、揚げるだけでごちそうです。

【タルタルソース】

ゆで卵（フォークで細かくつぶす）… 3個
きゅうりのピクルス（粗みじん切り）… 2本
マヨネーズ … 大さじ4
はちみつ … 小さじ1
塩 … 小さじ½
黒こしょう … 少々
⇒よく混ぜる

●材料（4～5人分／8個）

むきえび … 大10～13尾（200g）
片栗粉 … 大さじ2
はんぺん … 2枚（110g × 2）
A | しょうが（すりおろす）… 1かけ
　| 万能ねぎ（小口切り）… 2本
　| 片栗粉 … 大さじ1
B | 小麦粉、溶き卵、パン粉 … 各適量
揚げ油 … 適量

① えびは片栗粉でもみ、水で洗って水けをふき、7mm幅に切る。

② ビニール袋にはんぺんを入れ、形が残らないようにつぶし、❶、Aを加えてもみながら混ぜ、8等分して平たい丸形にまとめる。Bのころもを順につける。

③ フライパンに揚げ油を1.5cm入れて中温（180℃）に熱し、❷を片面1分30秒ずつこんがり揚げる。器に盛り、タルタルソースを添える。

★冷めたらえびカツとタルタルソースを別々に保存容器に入れて冷蔵保存し、日持ちは2～3日。オーブントースターやフライパンでから焼きし、温め直して食べる。お弁当にもおすすめ

コラム②

カンタン汁もの

ボリュームたっぷりのごはんの友に合う、簡単に作れる汁ものです。具だくさんでヘルシーなので、栄養のバランスも整います。

万能ねぎたっぷり落とし卵のみそ汁

卵は、そのまま割り入れて半熟に煮ます。万能ねぎは、もっとどっさりのせても。

●材料（2人分）

卵…2個
万能ねぎ（小口切り）…3本
だし汁…2カップ
みそ…大さじ2

1 鍋にだし汁を煮立たせ、卵を割り入れてふたをして弱火で5分煮、卵をくずさないようにみそを溶く。器に盛り、万能ねぎを散らす。

はんぺんとみつばのすまし汁

はんぺんのだしがきいた、お吸いもの風。みつばは器に盛ってからのせ、香りよく。

●材料（2人分）

はんぺん（1cm角に切る）
…½枚（約50g）
みつば（2cm幅に切る）…4本
A｜だし汁…2カップ
｜酒…大さじ2
｜塩…小さじ⅔
しょうゆ…小さじ½

1 鍋にAを煮立たせ、はんぺんを加えてひと煮立ちさせ、しょうゆで味を調える。器に盛り、みつばをのせる。

友だちみそ汁

豆腐、納豆、みその大豆で〝豆〟友だち。長ねぎとしょうがで香りを添えます。

●材料（2人分）

豆腐（1cm角に切る）… ¼丁（100g）
納豆 … 1パック（40g）
だし汁 … 2カップ
みそ … 大さじ2
長ねぎ（小口切り）… ¼本
しょうが（すりおろす）… 少々

1 鍋にだし汁を煮立たせ、豆腐、納豆を加えてひと煮立ちさせ、みそを溶く。器に盛り、長ねぎ、しょうがをのせる。

豆苗《トウミョウ》のかき玉汁

豆苗はごくさっと煮、食感を残します。溶き卵が入って、うまみもたっぷり。

●材料（2人分）

豆苗《トウミョウ》（2cm幅に切る）… ½袋
卵 … 1個
A ｜ だし汁 … 2カップ
　 ｜ 酒 … 大さじ1
　 ｜ 塩 … 小さじ⅔

1 鍋にAを煮立たせ、溶いた卵を細く回し入れ、ふんわり浮いたら豆苗を加えてひと混ぜし、火を止める。

オクラとめかぶのとろとろ汁

ねばねば大集合の、元気が出てくる汁もの。黒こしょうで味をぎゅっと引きしめます。

●材料（2人分）

オクラ（塩適量をまぶして板ずりし、小口切り）… 4本
めかぶ（味つけしていないもの）… 1パック（35g）
A ｜ 酒 … 大さじ1
　 ｜ 鶏ガラスープの素 … 大さじ½
　 ｜ 塩 … 小さじ⅓
黒こしょう … 少々

1 鍋に水2カップ、Aを煮立たせ、オクラ、めかぶを加えてひと煮立ちさせ、器に盛って黒こしょうをふる。

トマトと卵の中華スープ

トマトと卵のダブルのうまみ。
トマトは煮すぎずに、形を残します。

●**材料（2人分）**

トマト（ひと口大の乱切り）…1個
卵…1個
A｜酒…大さじ1
　｜鶏ガラスープの素…大さじ½
　｜塩…小さじ⅓
B｜片栗粉…大さじ½
　｜水…大さじ1
黒こしょう…少々

1 鍋に水2カップ、Aを煮立たせ、トマトを加えてひと煮立ちさせ、混ぜたBでとろみをつけ、溶いた卵を細く回し入れる。卵がふんわり浮いたら火を止め、黒こしょうをふる。

小松菜と桜えびのエスニックスープ

桜えびは先に炒めて、香ばしさをアップ。
ナンプラーが香る、アジア風の味つけ。

●**材料（2人分）**

小松菜（1cm幅に切る）…1株
桜えび（乾燥）…2g
酒、ナンプラー…各大さじ1
A｜塩、黒こしょう…各少々
サラダ油…大さじ½
赤唐辛子（小口切り）…適量

1 鍋にサラダ油、桜えびを入れて強めの中火にかけ、香りが出たら小松菜を加えてさっと炒め、酒を加えて煮立たせ、水2カップ、ナンプラーを加えてひと煮立ちさせる。Aで味を調え、器に盛って赤唐辛子をのせる。

薬味たっぷりさば缶みそ汁

さばがごろっと入って、ボリューム満点。
薬味が、さばのおいしさを引き出します。

●**材料（2人分）**

さば水煮缶（汁けをきる）…1缶（200g）
しょうが（すりおろす）…小さじ½
酒…大さじ1
みそ…大さじ1½
ごま油…大さじ½
長ねぎ（小口切り）…⅙本
みょうが（小口切り）…1個

1 鍋にごま油を熱し、さば、しょうがを強めの中火で炒め、油が回ったら酒を加えて煮立たせ、水2カップを加えてひと煮立ちさせて火を止める。みそを溶き、器に盛って長ねぎ、みょうがをのせる。

卵のごはんの友

卵はいくらでもボリュームが出せる、便利な食材。
野菜と合わせることで、しっかりメインになります。
炒める時は、卵1個にマヨネーズ大さじ1を混ぜれば、
日持ちがするようにしっかり火を通したって大丈夫。
温め直しても、ふんわりやわらかいままです。

卵とトマトの塩炒め

卵はマヨを加え、ふわふわのいり卵にします。
トマトは、角が残るくらいにさっと炒めるのがコツ。
トマトの酸味がさわやかなひと皿です。

バインセオ風オムレツ

ベトナムの屋台のお好み焼き風オムレツです。
具は、汁けが出ないよう片栗粉でまとめて。
アジアン風ソースをかけていただきます。

●材料（4～5人分）

卵…3個
マヨネーズ…大さじ3
トマト（大きめの乱切り）…3個
万能ねぎ（小口切り）…3本
塩…小さじ½
こしょう…少々
ごま油…大さじ1

① 卵はマヨネーズを加えて溶き、ごま油大さじ½（分量外）を熱したフライパンで強めの中火で大きく混ぜながら炒め、大きめのいり卵を作って取り出す。

② 続けてごま油を熱し、トマトを強火で炒め、角がとれたら塩を加えてざっくり炒め、❶、万能ねぎ、こしょうを加えてひと混ぜする。

★冷めたら保存容器に入れて冷蔵保存し、日持ちは2～3日。電子レンジなどで温め直して食べる

●材料（4～5人分）

卵…4個
A 片栗粉…小さじ2
　ナンプラー、水…各大さじ1
豚ひき肉…100g
もやし…1袋（200g）
長ねぎ（斜め薄切り）…½本
香菜《シャンツァイ》（茎はみじん切り、葉はちぎる）…1株
ナンプラー…大さじ1
黒こしょう…少々
B 片栗粉…小さじ1
　水…大さじ½
サラダ油…大さじ1
C スイートチリソース、湯…各大さじ2
　ナンプラー…大さじ1

① フライパンを何もひかずに熱し、ひき肉を強めの中火で炒め、色が変わったらもやし、長ねぎを加えてしんなり炒め、ナンプラーを加えて汁けがなくなるまで炒める。香菜の茎の半量、黒こしょうを加え、混ぜたBでとろみをつけ、取り出す。

② 卵は混ぜたAを加えて溶き、サラダ油を熱したフライパンに広げて強めの中火で焼き色をつけ、❶をのせて半分にたたむ。器に盛り、Cと残りの香菜の茎を混ぜたソースをかけ、香菜の葉をのせる。

★冷めたらオムレツとソースを別々に保存容器に入れて冷蔵保存し、日持ちは2～3日。電子レンジなどで温め直して食べる。お弁当にもぴったり

味玉2種

和風と中華風、2つの味が楽しめます。
卵は8分ゆでて、黄身を少しやわらかめに。
たれは保存袋を使って、少量ですませます。

●材料(4〜5人分／各4個)

卵…8個
酢…大さじ½
【和風】(写真左)
A | みりん…大さじ2
しょうゆ、水
…各大さじ1
削り節…1袋(2.5g)
【中華風】(写真右)
B | しょうゆ、砂糖、水
…各大さじ1
にんにく(つぶす)…½かけ
五香粉《ウーシャンフェン》(p31参照)…少々
香菜《シャンツァイ》(あれば)…適量

1. 耐熱ボウルにA、Bをそれぞれ入れ、ラップをかけずに電子レンジで40秒加熱して煮立たせ、粗熱をとる。
2. 卵は酢を加えた熱湯に入れ、再び煮立ってから中火で8分ゆで、冷水にとって冷まし、殻をむく。ファスナー式の保存袋に❶とともに半量ずつ入れ、冷蔵室でひと晩おく。半分に切って器に盛り、中華風には香菜をのせる。

★保存容器に入れて冷蔵保存し、日持ちは2〜3日。冷たいまま食べておいしい。
卵を12分ゆでにすれば、お弁当にもおすすめ

野菜のごはんの友

野菜は、できるだけそれぞれの味や食感を生かして調理したいと思っています。でもメインになるように、また子どもが喜んでしっかり食べてくれるように、肉を組み合わせたり、味にパンチをつけてひと工夫。火の通りを均一にするために、切り方にも注意します。

豚バラロールキャベツ

薄切りの豚バラ肉を使えば、ロールキャベツもぐっと手軽に。
くるくる巻くのも、きっちりきれいにまとまります。
キャベツ全体にバラ肉のうまみがしみるのはもちろん、
スープもとびきりおいしくなるのが魅力です。

●材料（4〜5人分／8個）

キャベツ … 大8枚
豚バラ薄切り肉 … 16枚（250g）＊
ミックスハーブ（ドライ･p46参照）
… 小さじ1
塩 … 小さじ1/3
バター … 10g
パセリ（みじん切り）… 適量
＊ごく薄切りのものがおすすめ

① キャベツは芯のかたい部分をそぎ落とし、熱湯で芯も一緒にさっとゆで、粗熱をとる（ゆで汁はとっておく）。

② キャベツを1枚ずつ広げ、まん中に豚肉1枚、芯をのせ、塩少々（分量外）、ミックスハーブをふって両端をたたみ、豚肉1枚をのせてくるくる巻く。

③ 鍋に❷、❶のゆで汁2カップ、塩を入れて強火にかけ、煮立ったらアクをとり、中火でふたをして10〜15分煮る。塩、黒こしょう各少々（分量外）で味を調え、バターを加えてさっと混ぜ、器に盛ってパセリを散らす。

★冷めたら保存容器に入れて冷蔵保存し、日持ちは3〜4日。電子レンジなどで温め直して食べる

キャベツとじゃこのしょうがじょうゆ炒め

じゃこは、ごま油で香ばしく炒めて。キャベツは大きめにちぎって炒めると、水が出にくくてマル。

●材料（4～5人分）

キャベツ（大きめにちぎる）… $\frac{1}{4}$個
しょうが（せん切り）… 1かけ
ちりめんじゃこ … 大さじ4（20g）
A｜しょうゆ、白いりごま … 各大さじ1
ごま油 … 大さじ3

1. フライパンにごま油を熱し、しょうが、じゃこを強めの中火で炒め、香りが出たらキャベツを加え、しんなりするまで炒める。
2. Aを加え、ざっくり混ぜる。

★冷めたら保存容器に入れて冷蔵保存し、日持ちは3～4日。電子レンジなどで温め直して食べる。お弁当にも◎

キャベツとツナのレモンバター炒め

レモンの酸味と皮の苦さに、ナンプラーのうまみ。ツナは、チャンクタイプで食べごたえを出します。

●材料（4～5人分）

キャベツ（大きめにちぎる）… $\frac{1}{4}$個
ツナ缶（チャンクタイプ）… 大1缶（140g）
レモン（ワックス不使用のもの・
　8等分のいちょう切り）… 薄切り2枚
ナンプラー … 大さじ1
バター … 20g

1. フライパンにバターの$\frac{2}{3}$量を溶かし、キャベツ、ツナ（汁ごと）、レモンを強めの中火で炒め、キャベツがややしんなりしたらナンプラーを加え、からめながら炒める。
2. 残りのバターを加え、ざっくり混ぜる。

★冷めたら保存容器に入れて冷蔵保存し、日持ちは3～4日。電子レンジなどで温め直して食べる。お弁当にも◎

いかにんじん

福島の郷土料理で、にんじんと細切りのするめを甘辛く漬けた常備菜。作った翌日がおいしいです。

●材料（4〜5人分）

にんじん（4〜5cm長さのせん切り）… 大2本
するめ（細切りのもの）… 70g＊
A｜しょうゆ … 大さじ3
　｜砂糖、みりん … 各大さじ2
＊または、キッチンばさみで3mm幅に切る

① にんじん、するめはそれぞれ熱湯を回しかけ、するめは水けをふく。

② 耐熱ボウルにAを入れ、ラップをかけずに電子レンジで1分30秒加熱し、粗熱をとる。ファスナー式の保存袋に❶とともに入れ、冷蔵室でひと晩おく。

★保存容器に入れて冷蔵保存し、日持ちは約5日。冷たいまま食べておいしい

にんじんしりしり

あればしりしり器で切ると、味なじみが抜群に。ごはんに合う甘辛味に、削り節でうまみを足して。

●材料（4〜5人分）

にんじん（3〜4cm長さのせん切り）… 大2本
卵 … 3個
塩 … 小さじ¼
A｜しょうゆ、みりん … 各大さじ2
　｜削り節 … 1袋（2.5g）
サラダ油 … 大さじ1

① 卵は塩を加えて溶き、サラダ油を熱したフライパンで強めの中火で混ぜながら炒め、いり卵を作る。

② 脇ににんじんを加えて炒め、油が回ったら卵と混ぜ、Aを加えて汁けがなくなるまで炒める。

★冷めたら保存容器に入れて冷蔵保存し、日持ちは3〜4日。冷たいままでもいいが、温め直すとよりおいしい。お弁当にも◎

にんじんと桜えびの エスニック炒め

ナンプラーのうまみ、スイートチリソースのピリ辛な甘みが香る、アジア風の一品です。香ばしく炒めた桜えびの食感がアクセントに。ナッツは、バターピーナッツがおすすめです。

●材料（4～5人分）

にんじん（薄い半月切り）… 大2本
桜えび（乾燥）… 10g
A │ ナンプラー、スイートチリソース
　│ … 各大さじ2
　│ にんにく（すりおろす）… 小さじ1
バターピーナッツ（粗く砕く）… 大さじ3（50g）
サラダ油 … 大さじ1

① フライパンにサラダ油を熱し、桜えびを強めの中火で炒め、香りが出たらにんじんを加え、しんなりするまで炒める。

② Aを加えて汁けがなくなるまで炒め、ピーナッツを加えてざっくり混ぜる。

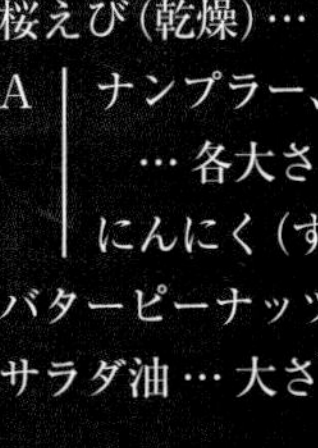

★冷めたら保存容器に入れて冷蔵保存し、日持ちは3～4日。電子レンジなどで温め直して食べる。お弁当にもグー

なすと鶏肉のカレーバジル炒め

鶏肉は小さめに切り、うまみたっぷりの鶏の脂を
カレー粉、クミンとなじませながら炒めます。
バジルは火を止めてから加え、香りよく。
鶏ひきや豚ひき、豚バラ肉で作っても合います。

●材料（4～5人分）

なす（7mm幅の輪切りにし、
　水にさらして水けをふく）…5本
鶏もも肉（水けをふき、1.5cm角に切る）
　…1枚（300g）
にんにく（みじん切り）…1かけ
A｜カレー粉…大さじ1
　｜クミンシード（p19参照）…大さじ½
　｜塩…小さじ⅔
バジルの葉（粗く刻む）…1パック（約20g）
サラダ油…大さじ½

① フライパンにサラダ油、にんにくを入れて強めの中火にかけ、香りが出たら塩小さじ½（分量外）をふった鶏肉を加えて色が変わるまで炒め、Aを加えてなじむまで炒める。

② なすを加えてしんなりするまでじっくり炒め、火を止めてバジルを混ぜる。

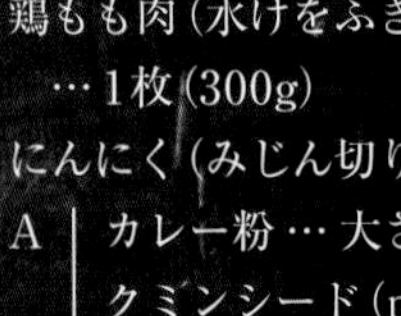

★冷めたら保存容器に入れて冷蔵保存し、日持ちは3～4日。電子レンジなどで温め直して食べる。お弁当にもぴったり

なすとピーマンの揚げびたし

丸ごと揚げたピーマンは、種が格別に美味！
残った汁は、そうめんやうどんのつけつゆに。

●材料（4〜5人分）

なす（縦半分に切り、皮目に斜め5mm幅の切り込みを入れ、水にさらして水けをふく）…5本
ピーマン（縦に2cm長さの切り込みを入れる）…5個
A｜みょうが（縦半分に切り、せん切り）…2個
　｜しょうが（せん切りにし、水にさらす）…1かけ
B｜だし汁…2½カップ
　｜しょうゆ…大さじ3
　｜みりん…大さじ2
揚げ油…適量

① 耐熱ボウルにBを入れ、ラップをかけずに電子レンジで6〜7分加熱して煮立たせ、粗熱がとれたらAを混ぜておく。

② フライパンに揚げ油を1.5cm入れて高温（190℃）に熱し、なすを皮目からしんなり、ピーマンを薄く色がつくまで揚げ、そのまま❶に加えて1〜2分おく。

★冷めたら保存容器に入れて冷蔵保存し、日持ちは約5日。冷たいまま食べておいしい

なすと厚揚げの甘辛煮

なすは、先に油をからめてから焼くことで、
少ない油でおいしく。厚揚げでコクを足して。

●材料（4〜5人分）

なす（縦半分に切り、皮目に斜め5mm幅の切り込みを入れ、長さを半分に切り、水にさらして水けをふく）…5本
厚揚げ（油をキッチンペーパーでふき、2cm角に切る）…2枚（340g）
A｜だし汁…1½カップ
　｜しょうゆ…大さじ3
　｜砂糖、みりん…各大さじ2
サラダ油…大さじ1

① なすはビニール袋に入れてサラダ油をからめ、何もひかずに熱したフライパンで強めの中火で皮目に焼き色をつける。

② なすを裏返して厚揚げを加え、Aを加えてオーブンシートの落としぶたとふたをし、中火で10〜15分煮る。

★冷めたら保存容器に入れて冷蔵保存し、日持ちは3〜4日。電子レンジなどで温め直して食べる

ピーマンとじゃこののりあえ

じゃこは、ごま油とにんにくで香ばしく炒めて。
オイルごとピーマンにかけ、苦みを抑えます。

●材料（4〜5人分）

A　ピーマン（縦半分に切り、横5mm幅に切る）…5個
　　しょうゆ、白いりごま…各大さじ1
B　ちりめんじゃこ…大さじ3(15g)
　　ごま油…大さじ2
　　にんにく（芽を除き、薄切り）…1かけ
焼きのり（小さくちぎる）…全形½枚

1. ボウルにAを混ぜておく。
2. 小鍋にBを入れて中火にかけ、にんにくに揚げ色がついたら油ごと❶に加えて混ぜ、10分おいてのりをざっくり混ぜる。

★保存容器に入れて冷蔵保存し、日持ちは3〜4日。冷たいまま食べておいしい。お弁当にもぜひ

ピーマンとウインナのバターじょうゆ炒め

夫の大好物で、バターじょうゆ味は鉄板の味つけ。
コーンはしっかり焼きつけ、甘みを出します。

●材料（4〜5人分）

ピーマン（縦半分に切り、横5mm幅に切る）…5個
ホールコーン（缶詰・汁けをきる）…1缶（130g）
ウインナ（斜め薄切り）…6本
しょうゆ…大さじ1
バター…20g

1. フライパンにバターの⅔量を溶かし、コーン、ウインナを中火で炒め、焼き色がついたらピーマンを加え、さっと炒める。
2. しょうゆ、残りのバターを加え、火を止めて混ぜる。

★冷めたら保存容器に入れて冷蔵保存し、日持ちは3〜4日。電子レンジなどで温め直して食べる。お弁当にも◎

ピーマンと豚バラのザーサイ炒め

味つけは、ザーサイのうまみでごくシンプルに。

豚バラはこんがり焼いて、出てきた脂でピーマン、ザーサイを炒め、コクたっぷりに仕上げます。

豚ひき肉で作ってもおいしいです。

●材料（4～5人分）

ピーマン（乱切り）…8個
豚バラ薄切り肉（2cm幅に切る）…8枚（150g）
A｜塩…小さじ⅓
　｜黒こしょう…少々
味つきザーサイ（びん詰・食べやすく切る）
…⅘びん（80g）
B｜酒…大さじ1
　｜塩…小さじ½

1. 豚肉はAをふり、何もひかずに熱したフライパンで強めの中火で炒め、焼き色がついたらザーサイを加えてなじむまで炒める。
2. ピーマン、Bを加えて汁けがなくなるまで炒め、塩少々（分量外）で味を調える。

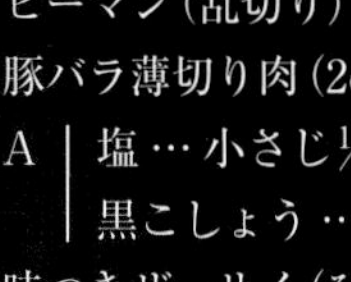

★冷めたら保存容器に入れて冷蔵保存し、日持ちは3～4日。電子レンジなどで温め直して食べる。お弁当にもおすすめ

ブロッコリーとザーサイのねぎごまあえ

ブロッコリーは熱湯に1%の塩を加えてゆで、先にしっかり塩けをつけておくのが大切。ザーサイは長ねぎ、ごま油とあえて香りよく。ザーサイのかわりに、メンマで作っても合います。

●材料（4〜5人分）

ブロッコリー（小房に分ける）… 1株

A｜味つきザーサイ（びん詰・細切り）… 4/5びん（80g）
　｜長ねぎ（斜め薄切り）… 1/6本
　｜しょうゆ、ごま油 … 各大さじ1
　｜白いりごま … 小さじ2

1. ブロッコリーは1%の塩（分量外・湯1ℓに対し塩10g＝小さじ2）を加えた熱湯で煮立ってから30秒ゆで、湯をきる。
2. ボウルにAを入れて混ぜ、❶を加えてあえる。

★冷めたら保存容器に入れて冷蔵保存し、日持ちは4〜5日。冷たいまま食べておいしい。お弁当にもどうぞ

ブロッコリーのツナマヨあえ

玉ねぎはツナマヨに混ぜ、香りと甘みを加えて。
ツナは、チャンクタイプがおすすめです。

●材料（4～5人分）

ブロッコリー（小房に分ける）… 1株

A
- ツナ缶（チャンクタイプ・汁けを軽くきる）… 大1缶（140g）
- 玉ねぎ（ごく薄切り）… 1/4個
- マヨネーズ … 大さじ4

黒こしょう … 少々

1. ボウルにAを混ぜておく。
2. ブロッコリーは1%の塩（分量外・湯1ℓに対し塩小さじ2）を加えた熱湯で煮立ってから30秒ゆで、湯をきり、黒こしょうとともに❶に加えてあえる。

★冷めたら保存容器に入れて冷蔵保存し、日持ちは3～4日。冷たいまま食べておいしい。お弁当にも合う

ブロッコリーとベーコンのペペロンチーノ

ベーコンのコクをうつすように炒めるのがコツ。
にんにくの豊かな香りが、食欲を誘います。

●材料（4～5人分）

ブロッコリー（小房に分ける）… 1株

A
- ベーコン（1cm幅に切る）… 2枚
- にんにく（芽を除き、薄切り）… 1かけ
- 赤唐辛子（小口切り）… 1本
- 塩 … 小さじ1/3

オリーブ油 … 大さじ1

1. フライパンに湯を沸かし、1%の塩（分量外・湯1ℓに対し塩小さじ2）を加え、ブロッコリーを煮立ってから30秒ゆで、湯を捨てる。
2. 続けてオリーブ油、Aを加え、強めの中火で汁けがなくなるまで炒める。

★冷めたら保存容器に入れて冷蔵保存し、日持ちは4～5日。電子レンジなどで温め直して食べる。お弁当にも◎

小松菜と油揚げのからしじょうゆあえ

はちみつ入りのからしじょうゆが、油揚げから
じゅわっと。油揚げは、小松菜とともに油抜きを。

●材料（4〜5人分）

小松菜（茎は4cm幅、葉は1cm幅に切る）…1束
油揚げ（横半分に切り、5mm幅に切る）…1枚
A｜しょうゆ…大さじ2
　｜はちみつ…大さじ1½
　｜練りがらし…小さじ1

① 鍋に湯を沸かして小松菜の茎、油揚げを入れ、再び煮立ったら小松菜の葉を加えてひと混ぜし、ざるに上げ、粗熱がとれたら水けを絞る。

② ボウルにAを入れて混ぜ、❶を加えてあえる。

★冷めたら保存容器に入れて冷蔵保存し、日持ちは4〜5日。冷たいまま食べておいしい。お弁当にもぴったり

小松菜とちくわのナムル

電子レンジで作れる、ワンボウルレシピ。
ちくわは上にのせ、そのうまみをうつします。

●材料（4〜5人分）

小松菜（茎は4cm幅、葉は1cm幅に切る）…1束
ちくわ（長さを半分に切り、5mm幅の細切り）…2本
A｜酒…大さじ1
　｜塩、にんにく（すりおろす）…各小さじ½
ごま油、白いりごま…各大さじ½

① 耐熱ボウルに小松菜の茎、葉、ちくわの順に入れ、混ぜたAを回しかけ、ラップをふんわりかけて電子レンジで5分加熱し、そのまま1分蒸らす。

② ごま油、いりごまを加えてあえる。

★冷めたら保存容器に入れて冷蔵保存し、日持ちは3〜4日。冷たいまま食べておいしい。お弁当にもグー

小松菜のねぎ炒め スクランブルエッグのせ

シンプルな塩炒めに、卵をのせてボリュームアップ。
卵はマヨネーズを加えることでふんわりと焼け、
温め直しても、やわらかさが続きます。
お昼ごはんのメインにもおすすめのひと皿です。

●材料（4～5人分）

小松菜（茎は4cm幅、葉は1cm幅に切る）…1束
長ねぎ（斜め薄切り）…½本
A | 卵…2個
  | マヨネーズ…大さじ3
B | 塩…小さじ½
  | 黒こしょう…少々
サラダ油…大さじ1

① フライパンにサラダ油を熱し、長ねぎを強めの中火で炒め、香りが出たら小松菜の茎、葉の順に加えてそのつどしんなりするまで炒め、Bをふってさっと炒めて器に盛る。

② フライパンをさっとふき、サラダ油大さじ½（分量外）を熱し、混ぜたAを流して強めの中火で大きく混ぜながら火を通し、❶にのせる。

★冷めたら保存容器に入れて冷蔵保存し、日持ちは2～3日。電子レンジなどで温め直して食べる

きのこのしょうがみそ炒め

あっさりしがちなきのこに、みそとしょうがをからめることでこっくり味にした、ごはんに合うひと皿です。

きのこは水分をしっかりとばすと、味がぼやけず美味。

仕上げの一味唐辛子で、さらに食欲を刺激します。

●材料（4～5人分）

しめじ（ほぐす）… 小2パック（200g）
まいたけ（ほぐす）… 小2パック（200g）
A｜みそ … 大さじ1½
　｜しょうゆ … 大さじ1
　｜しょうが（すりおろす）… 小さじ½
サラダ油 … 大さじ1
一味唐辛子 … 少々

1. フライパンにサラダ油を熱し、きのこを強めの中火で焼きつけるように炒め、こんがりしたら混ぜたAを加え、汁けがなくなるまで炒める。
2. 器に盛り、一味をふる。

★冷めたら保存容器に入れて冷蔵保存し、日持ちは4～5日。電子レンジなどで温め直して食べる。お弁当にもぜひ

梅干しは、うまみのある種ごと加えるのがコツ。
冷ややっこにのせたり、そうめんの具にしても。

●材料（4～5人分）

えのきだけ（ほぐす）… 大2袋（400g）

A | 梅干し … 大4個（80g）
　| 酒 … ¼カップ
　| しょうゆ … 大さじ1

削り節 … 2袋（5g）

白いりごま … 適量

① 鍋にA、水½カップを入れ、梅干しをくずしながら火にかけ、煮立ったらえのきを加え、中火で混ぜながら7～8分煮る。

② 火を止めて梅干しの種を除き、削り節を加えてそのまま冷ます。器に盛り、いりごまをふる。

★保存容器に入れて冷蔵保存し、日持ちは4～5日。冷たいまま食べておいしい。お弁当にもおすすめ

ベーコンは、ブロックでボリューム感を出して。
バルサミコはしっかり炒め、甘みを凝縮させます。

●材料（4～5人分）

しめじ（ほぐす）… 小2パック（200g）

生しいたけ（軸ごと縦1cm幅に切る）… 6枚

ベーコン（ブロック・1cm角の棒状に切る）… 100g

にんにく（芽を除き、薄切り）… 1かけ

塩 … 小さじ½

A | バルサミコ酢、しょうゆ … 各大さじ1

オリーブ油 … 大さじ1

黒こしょう … 少々

① フライパンにオリーブ油を熱し、ベーコン、にんにくを強めの中火で炒め、焼き色がついたらきのこ、塩を加え、しんなりするまで炒める。

② Aを加えて汁けがなくなるまで炒め、火を止めて黒こしょうをふる。

★冷めたら保存容器に入れて冷蔵保存し、日持ちは4～5日。電子レンジなどで温め直して食べる。お弁当にも◎

オイキムチ

野菜のうまみたっぷりの水キムチ風。
きゅうりは、しなるまで2分板ずりします。

きゅうりは両端を1cm残し、下まで貫通させて切り込みを入れ、90度回してもう1本同様に切り込みを入れる。

●材料（4〜5人分）

きゅうり…3本
大根（スライサーでごく細いせん切り）…⅛本
A　にんにく、しょうが（すりおろす）…各小さじ1
　　赤唐辛子（小口切り）…1本
　　砂糖…大さじ1
　　塩…小さじ½
塩…小さじ⅓

1. ボウルに大根、Aを入れて混ぜ、10分おいて水けを絞る（汁はとっておく）。
2. きゅうりは塩大さじ1（分量外）をまぶし、まな板の上で両手で2分転がし、しんなりしたら半分に切り、両端を1cm残して2か所に切り込みを入れる。❶を詰め、❶の汁、塩とともに保存袋に入れ、冷蔵室で1時間おく。半分に切って食べる。

★保存容器に入れて冷蔵保存し、日持ちは4〜5日。冷たいまま食べておいしい

きゅうりといかのピリ辛炒め

にんにくと赤唐辛子がきいた、食欲をそそる味。
きゅうりは食感が残るように、長めの乱切りに。

●材料（4〜5人分）

きゅうり（長めの乱切り）…2本
いか（するめいかなど）…大1ぱい（250g）
A　にんにく（芽を除き、薄切り）…1かけ
　　赤唐辛子（小口切り）…1本
B　酒…大さじ1
　　塩…小さじ1
ごま油…大さじ1

1. いかは足を引き抜いてワタ、軟骨を除き、胴は1cm幅の輪切り、足はペーパーで吸盤をしごきとり、食べやすく切る。
2. フライパンにごま油、Aを入れて強めの中火にかけ、香りが出たら❶を加え、色が変わったらきゅうり、Bを加えて汁けがなくなるまで炒める。

★冷めたら保存容器に入れて冷蔵保存し、日持ちは2〜3日。電子レンジなどで温め直して食べる

じゃがいものタンタン炒め

ひき肉入りのタンタン麺味の炒めものです。
にらの香りが、ぐっと食欲をそそります。

●材料（4～5人分）

じゃがいも（5mm角の棒状に切り、
　水でさっと洗う）… 3個（450g）
豚ひき肉 … 150g
にら（4cm幅に切る）… ½束
A ｜みそ、豆板醤 … 各大さじ1
B ｜オイスターソース … 大さじ3
　｜白すりごま、水 … 各大さじ2

① フライパンを何もひかずに熱し、ひき肉を強めの中火で炒め、脂が出たらAを加え、汁けがなくなるまで炒める。

② じゃがいもを加えてまわりが透き通るまで炒め、にら、Bを加えてからめながら炒める。

★冷めたら保存容器に入れて冷蔵保存し、日持ちは3～4日。電子レンジなどで温め直して食べる。お弁当にもどうぞ

じゃがいものたらこバターあえ

じゃがいもは、手軽にレンチン加熱でＯＫ。
熱いうちに、バターとたらこを混ぜるだけです。

●材料（4～5人分）

じゃがいも（5mm幅の輪切り）… 3個（450g）
たらこ（薄皮を除く）… 大½腹（1本・50g）
万能ねぎ（小口切り）… 3本
バター … 15g
しょうゆ … 大さじ½
アーモンド（塩味・ローストしたもの）
　… 大さじ3（30g）

① 耐熱ボウルにじゃがいもを入れ、ラップをふんわりかけて電子レンジで7分加熱し、そのまま2分蒸らす。

② バター、たらこ、万能ねぎの順に加えて混ぜ、しょうゆを加えてざっくり混ぜる。器に盛り、粗く砕いたアーモンドを散らす。

★冷めたら保存容器に入れて冷蔵保存し、日持ちは1～2日。冷たいままでもいいが、温め直すとよりおいしい

エスニックなます

マイルドな酸味のアジア風のなますです。
漬け時間が必要なく、すぐに食べられます。

●材料（4〜5人分）

大根（長さを半分に切り、せん切り）… ¼本
にんじん（せん切り）… ½本
桜えび（乾燥）… 5g
A ｜ ナンプラー、スイートチリソース … 各大さじ1
香菜《シャンツァイ》（茎はみじん切り、葉はちぎる）… 1株

1. 大根、にんじんは塩小さじ⅓（分量外）をふって軽くもみ、10分おいて水けを絞る。桜えびは耐熱皿にのせ、ラップをふんわりかけて電子レンジで20秒加熱し、粗熱をとる。
2. ボウルにA、香菜の茎を入れて混ぜ、❶を加えてあえる。器に盛り、香菜の葉をのせる。

★保存容器に入れて冷蔵保存し、日持ちは4〜5日。冷たいまま食べておいしい。お弁当にも合う

ごぼうとナッツの甘辛炒め

ごぼうはたたいてから切ることで、味しみもよく。
ピーナッツで作ったり、トーストにのせても。

●材料（4〜5人分）

ごぼう（よく洗って皮ごとめん棒でたたき、1cm角に切り、水にさらして水けをきる）… 1本
カシューナッツ（ローストしたもの・粗く砕く）… 100g
赤唐辛子（小口切り）… 1本
酒 … 大さじ1
A ｜ しょうゆ、砂糖 … 各大さじ2
サラダ油 … 大さじ½

1. フライパンにサラダ油、赤唐辛子を入れて強めの中火にかけ、香りが出たらごぼうを加えてまわりが透き通るまで炒め、酒を加えて煮立たせる。
2. ナッツを加えて油が回るまで炒め、Aを加えて汁けがなくなるまで炒める。

★冷めたら保存容器に入れて冷蔵保存し、日持ちは4〜5日。冷たいままでもいいが、温め直すとよりおいしい。お弁当にも◎

れんこんとちくわのわさびマヨあえ

ちくわは薄く切り、うまみをれんこんにからませて。わさびマヨで、あと味さっぱり。

●**材料**（4～5人分）

れんこん（よく洗って皮ごと5mm幅の半月切りにし、水にさらす）…1節（200g）
ちくわ（斜め薄切り）…3本
万能ねぎ（小口切り）…2本

A
- マヨネーズ…大さじ3
- おろしわさび…小さじ1
- 塩…小さじ$\frac{1}{2}$

1. れんこんは塩少々（分量外）を加えた熱湯に入れ、再び沸騰したら湯をきり、さっと水にくぐらせて水けをふく。
2. ボウルにAを入れて混ぜ、❶、ちくわ、万能ねぎを加えてあえる。

★保存容器に入れて冷蔵保存し、日持ちは3～4日。冷たいまま食べておいしい。お弁当にもぴったり

れんこんと豚バラの粒マスタード炒め

れんこんは厚めに切って食感を出し、豚バラ肉のうまみで炒めて。マスタードの酸味が味の決めてです。

●**材料**（4～5人分）

れんこん（よく洗って皮ごと長さを半分に切り、7mm角の棒状に切り、水にさらして水けをふく）…1節（200g）
豚バラ薄切り肉（7cm幅に切る）…8枚（150g）

A
- 塩…小さじ$\frac{1}{4}$
- 黒こしょう…少々

B
- 粒マスタード、しょうゆ、はちみつ…各大さじ1

1. 豚肉はAをふり、何もひかずに熱したフライパンで強めの中火で炒め、焼き色がついたられんこんを加え、少し透き通るまで炒める。
2. 混ぜたBを加え、汁けがなくなるまで炒める。

★冷めたら保存容器に入れて冷蔵保存し、日持ちは2～3日。電子レンジなどで温め直して食べる。お弁当にもグー

いんげんとえびのガーリックソテー

えびは片栗粉でよくもみ、くさみをとるのがコツ。
ピリッと唐辛子がきいた、コクのある味わい。

●**材料**（4〜5人分）

いんげん（長さを3等分に切る）… 20本
むきえび … 大12〜16尾（250g）
片栗粉 … 大さじ2
A｜にんにく（みじん切り）… 1かけ
｜赤唐辛子（小口切り）… 1本
B｜酒 … 大さじ1
｜塩 … 小さじ2/3
バター … 20g

1. えびは片栗粉でもみ、水で洗って水けをふく。

2. フライパンにバターを溶かし、Aを強めの中火で炒め、香りが出たら❶を加えて色が変わるまで炒め、いんげん、Bを加えて汁けがなくなるまで炒める。

★冷めたら保存容器に入れて冷蔵保存し、日持ちは2〜3日。電子レンジなどで温め直して食べる。お弁当にもおすすめ

いんげんとささみのピーナッツバターあえ

いんげんはささみと一緒にレンチンして、うまみをまとわせます。生春巻きの具にもぜひ。

●**材料**（4〜5人分）

いんげん（長さを3等分に切る）… 20本
鶏ささみ（筋を除き、水けをふく）… 4本（240g）
塩 … 小さじ1/3
酒 … 大さじ1
A｜ピーナッツバター（微糖のもの・粒入り）
｜　… 大さじ3　＊「スキッピー」を使用
｜スイートチリソース … 大さじ1
｜ナンプラー … 小さじ2
｜にんにく（すりおろす）… 小さじ1/2

1. 耐熱皿にいんげんを並べ、塩をふったささみをのせて酒を回しかけ、ラップをふんわりかけて電子レンジで5分加熱し、そのまま2分蒸らす。

2. ボウルにAを入れて混ぜ、食べやすくさいたささみ、水けをきったいんげんを加えてあえる。

★冷めたら保存容器に入れて冷蔵保存し、日持ちは3〜4日。冷たいまま食べておいしい。お弁当にもぜひ

豆腐・缶詰・乾物のごはんの友

淡泊な味わいの豆腐や厚揚げは、うまみやパンチのあるものを合わせ、食べごたえを出します。ツナ缶は、チャンクタイプを選ぶとおかず感満点に。乾物は、煮もの以外のおかずも紹介します。

マーボー豆腐

豆腐は水きりしすぎずに、ふるふる感を生かします。まず、ひき肉に調味料を加えてしっかり味つけし、肉みそを作るイメージ。肉みそだけ多めに作って、マーボーなすやマーボー春雨にアレンジしても。

●材料（4〜5人分）

木綿豆腐（ざるにのせて10分水きりし、2cm角に切る）… 1丁（400g）
豚ひき肉 … 150g
にら（7mm幅に切る）… ¼束
A｜テンメンジャン … 大さじ2
　｜豆板醤 … 大さじ1
　｜花椒《ホワジャオ》（ホール・p30参照）… 10粒
塩 … 小さじ1
B｜片栗粉 … 小さじ⅔
　｜水 … 大さじ1

① フライパンを何もひかずに熱し、ひき肉を強めの中火で炒め、色が変わって脂が出たらAを加え、なじむまで炒める。

② 豆腐、水½カップ、塩を加え、時々混ぜながら中火で5分煮、混ぜたBでとろみをつける。にらを加え、ざっくり混ぜる。

★冷めたら保存容器に入れて冷蔵保存し、日持ちは3〜4日。電子レンジなどで温め直して食べる

豆腐チャンプルー

削り節のやさしい風味が香る、チャンプルーです。
豆腐は皿4枚をのせるなどしてしっかり水きりし、
厚みを⅔くらいにして、歯ごたえを出すのがコツ。
長ねぎ、ゴーヤ、にんじんを加えても合います。

●材料（4～5人分）

木綿豆腐（キッチンペーパーで包み、
　重めの重しをのせて15分水きりし、
　縦半分に切って1.5cm幅に切る）…1丁（400g）
豚バラ薄切り肉（4cm幅に切る）…8枚（150g）
キャベツ（ひと口大にちぎる）…大3枚
玉ねぎ（1cm幅のくし形切り）…½個
A｜しょうゆ…大さじ1½
　｜砂糖…大さじ1
削り節…1袋（2.5g）

① 豚肉は塩小さじ⅓（分量外）をふり、何もひかずに熱したフライパンで強めの中火で炒め、焼き色がついたら豆腐を加え、薄く焼き色がついたら両方とも取り出す。

② 続けてキャベツ、玉ねぎを炒め、玉ねぎが透き通ったら❶を戻し、Aを加えて汁けがなくなるまで炒める。火を止め、削り節をざっくり混ぜる。

★冷めたら保存容器に入れて冷蔵保存し、日持ちは3～4日。電子レンジなどで温め直して食べる。お弁当にもどうぞ

厚揚げとそぼろのあんかけ

鶏ひき肉入りのあんは、オイスターソースでコク出しを。
厚揚げの水けをしっかりふくと、味がぼやけません。
しいたけは、だしが出るように軸も炒めて。
きのこは、しめじやまいたけで作ってもおいしい。

●材料（4～5人分）

厚揚げ（油をキッチンペーパーでしっかりふき、1.5cm角に切る）…2枚（340g）
鶏ひき肉…200g
生しいたけ（かさは7mm幅、軸は縦に細切り）…6枚
しょうが（みじん切り）…1かけ
A | しょうゆ…大さじ3
　 | オイスターソース、砂糖…各大さじ1
　 | 片栗粉…小さじ$1\frac{1}{2}$
　 | 水…$\frac{3}{4}$カップ

① フライパンを何もひかずに熱し、ひき肉、しょうがを強めの中火で炒め、色が変わって脂が出たらしいたけを加えてしんなりするまで炒め、厚揚げを加えて脂が回るまで炒める。

② 混ぜたAを加え、とろみがつくまで混ぜながら中火で2～3分煮る。

★冷めたら保存容器に入れて冷蔵保存し、日持ちは3～4日。電子レンジなどで温め直して食べる。お弁当にもぴったり

油揚げのパリパリねぎ焼き

油揚げには具を平らに詰め、均一に焼き上げます。
みそとはちみつの甘辛味で、おつまみにもぴったり。

●材料（4〜5人分／8個）

油揚げ（油をキッチンペーパーでしっかりふき、
　半分に切って袋状に開く）… 4枚＊
A｜長ねぎ（みじん切り）… ½本
　｜みそ … 大さじ2
　｜はちみつ、白いりごま … 各大さじ1
ごま油 … 大さじ1
しょうゆ … 適量
＊ふんわりとやわらかいタイプだと、開きやすい

1. ボウルにAを入れて混ぜ、8等分して油揚げに平らに詰める。
2. フライパンにごま油を熱し、❶を中火で片面1分30秒ずつ焼きつけ、器に盛ってしょうゆをかける。

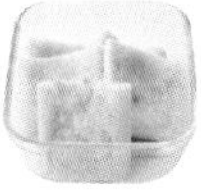

★焼く前の状態で保存容器に入れて冷蔵保存し、日持ちは4〜5日／冷凍室で約2週間。ごま油でカリッと焼いて食べる

厚揚げと玉ねぎの黒酢炒め

玉ねぎは厚めに切って、食べごたえたっぷりに。
黒酢のまろやかな酸味をとろりとからませます。

●材料（4〜5人分）

厚揚げ（油をキッチンペーパーでしっかりふき、
　1cm幅に切る）… 2枚（340g）
玉ねぎ（8等分のくし形切り）… 2個
A｜黒酢 … 大さじ3
　｜しょうゆ、砂糖 … 各大さじ2
　｜片栗粉 … 小さじ1
　｜水 … ¾カップ
ごま油 … 大さじ1

1. フライパンにごま油を熱し、厚揚げを強めの中火でカリッと焼きつけ、玉ねぎを加えてしんなりするまで炒める。
2. 混ぜたAを加え、混ぜながら煮立たせてとろみをつける。

★冷めたら保存容器に入れて冷蔵保存し、日持ちは3〜4日。電子レンジなどで温め直して食べる。お弁当にもおすすめ

長いもはたたき割ることで、味のからみをよく。
塩昆布のうまみが味つけのポイントです。

●材料（4～5人分）

ツナ缶（チャンクタイプ・汁けを軽くきる）
…大1缶（140g）
長いも…12cm（250g）
酢…小さじ1
A｜塩昆布…大さじ2（15g）
｜ごま油…大さじ1
｜しょうゆ…大さじ½
｜万能ねぎ（小口切り）…3本

① 長いもは皮をむいてファスナー式の保存袋に入れ、めん棒などで食べやすくたたき割り、酢を混ぜる。

② ボウルに❶、ツナ、Aを入れ、ざっくり混ぜる。

★保存容器に入れて冷蔵保存し、日持ちは2～3日。冷たいまま食べておいしい

こんにゃくはしっかり焼きつけ、味をからめて。
ピリ辛だれに、ちくわのうまみがよく合います。

●材料（4～5人分）

こんにゃく（スプーンで食べやすくちぎり、
熱湯で1分ゆでる）…1枚（220g）
ちくわ（1cm幅の斜め切り）…4本
赤唐辛子（小口切り）…½本
A｜砂糖…大さじ2
｜しょうゆ…大さじ1
ごま油…大さじ1
削り節…2袋（5g）

① フライパンにごま油、赤唐辛子を入れて強めの中火にかけ、香りが出たらこんにゃくを加えて水けをとばすように3～4分炒め、ちくわを加えて焼き色がつくまで炒める。

② Aを加えて汁けがなくなるまで炒め、火を止めて削り節をさっと混ぜる。

★冷めたら保存容器に入れて冷蔵保存し、日持ちは4～5日。冷たいまま食べておいしい。お弁当にも◎

ツナと豆《トウ》苗《ミョウ》のマヨポンあえ

ツナ缶はチャンクタイプで食べごたえを出し、生の豆苗のシャキッとした食感と合わせます。ポン酢とマヨを混ぜ、さっぱりしたあと味に。みつばや万能ねぎで作ってもいいですね。

●**材料（4〜5人分）**

ツナ缶（チャンクタイプ・汁けを軽くきる）
…大1缶（140g）
豆苗《トウミョウ》（4cm幅に切る）… ½袋
玉ねぎ（薄切りにし、水にさらして
水けをしっかり絞る）… ½個
A ｜ ポン酢じょうゆ、マヨネーズ … 各大さじ1
黒こしょう … 少々

1. ボウルにAを入れて混ぜ、ツナ、豆苗、玉ねぎを加えてざっくりあえ、黒こしょうをふる。

★保存容器に入れて冷蔵保存し、日持ちは2〜3日。冷たいまま食べておいしい。お弁当にもグー

ひじきと豚バラのイリチー

「イリチー」とは、沖縄料理の調理法で炒め煮のこと。
ひじきは食べごたえのある長ひじきを使って、
豚バラのコクをからめるように炒めます。
いんげんや大根で作ったり、最後に削り節を混ぜても。

●材料（4〜5人分）

長ひじき（乾燥・たっぷりの水に30分つけて戻し、3〜4回洗って水けをきり、4cm幅に切る）… 20g
豚バラ薄切り肉（4cm幅に切る）… 8枚（150g）
にんじん（5cm長さの短冊切り）… $\frac{1}{2}$本
酒 … 大さじ1
A｜砂糖 … 大さじ2
　｜しょうゆ … 大さじ$1\frac{1}{2}$

1. 豚肉は塩小さじ$\frac{1}{3}$（分量外）をふり、何もひかずに熱したフライパンで強めの中火で炒め、焼き色がついたらひじき、にんじんを加え、にんじんがしんなりするまで炒める。
2. 酒を加えて煮立たせ、Aを加えて汁けがなくなるまで炒める。

★冷めたら保存容器に入れて冷蔵保存し、日持ちは3〜4日／冷凍室で約2週間。
電子レンジなどで温め直して食べる。お弁当にも合う

ひじきと桜えびのゆずポンあえ

さっぱりしたポン酢に、ゆずこしょうがアクセント。
小松菜はさっとゆでて。チンゲンザイで作っても。

●材料（4〜5人分）

長ひじき（乾燥・たっぷりの水に30分つけて戻し、3〜4回洗って水けをきり、4cm幅に切る）… 20g
小松菜（茎は3cm幅、葉は1cm幅に切る）… 1束
桜えび（乾燥）… 5g
A ｜ポン酢じょうゆ … 大さじ2
　｜白いりごま … 大さじ1
　｜ゆずこしょう … 小さじ1

1. ひじきは熱湯を回しかけ、小松菜は塩少々（分量外）を加えた熱湯でゆで、水けを絞る。桜えびは耐熱皿にのせ、ラップをふんわりかけて電子レンジで20秒加熱する。
2. ボウルにAを入れて混ぜ、❶を加えてあえる。

★保存容器に入れて冷蔵保存し、日持ちは3〜4日／冷凍室で約2週間。冷たいまま食べておいしい。お弁当にもマル

ひじきとあさり缶のナムル

レンチンで、あさりのだしをひじきにうつして。
しょうがとごまの香りも、食欲をそそります。

●材料（4〜5人分）

芽ひじき（乾燥・たっぷりの水に30分つけて戻し、3〜4回洗って水けをきる）… 20g
あさり水煮缶（汁けをきり、汁は大さじ1とっておく）… 1缶（130g）
A ｜しょうゆ、酒 … 各大さじ1
B ｜万能ねぎ（2cm幅に切る）… 3本
　｜しょうが（せん切りにし、水にさっとさらす）… 1かけ
　｜白すりごま … 大さじ1
　｜ごま油 … 大さじ½

1. 耐熱ボウルにひじき、あさり、あさりの汁（大さじ1）を入れ、Aを回しかけ、ラップをふんわりかけて電子レンジで6分加熱する。
2. Bを加えてあえる。

★冷めたら保存容器に入れて冷蔵保存し、日持ちは3〜4日／冷凍室で約2週間。冷たいままでもいいが、温め直すとよりおいしい

切り干しと野菜は、すべて塩もみして食べやすく。セロリのほろ苦さと食感がアクセントです。

●材料（4～5人分）

切り干し大根（もみ洗いして水に10分つけて戻し、水けを絞って4cm幅に切る）… 40g
にんじん（せん切り）… ¼本
セロリ（筋を除き、斜め薄切り）… ¼本
A | 酢、砂糖 … 各大さじ1
　| しょうゆ … 大さじ½
　| 削り節 … 1袋（2.5g）

① 切り干し大根、にんじん、セロリは合わせて塩小さじ⅓（分量外）をふってもみ、しんなりしたら水けを絞る。

② 耐熱ボウルにAを入れ、ラップをかけずに電子レンジで30秒加熱し、そのまま冷ます。ファスナー式の保存袋に❶とともに入れ、空気を抜いて密封し、冷蔵室で1時間以上おく。

★保存容器に入れて冷蔵保存し、日持ちは4～5日／冷凍室で約2週間。冷たいまま食べておいしい。お弁当にも◎

切り干し大根と昆布は、油が回るまで炒めて。にんじんや油揚げをプラスしてもいいですね。

●材料（4～5人分）

切り干し大根（もみ洗いして水に10分つけて戻し、水けを絞って4cm幅に切る）… 40g
刻み昆布（乾燥・さっと洗い、水けをきる）… 20g
A | みりん … 大さじ2
　| しょうゆ … 大さじ1½
　| 削り節 … 1袋（2.5g）
サラダ油 … 大さじ1

① 鍋にサラダ油を熱し、切り干し大根を強めの中火で炒め、油が回ったら昆布を加え、油が回るまで炒める。

② A、水1½カップを加え、煮立ったらオーブンシートの落としぶたをして中火で5分煮、そのまま冷ます。

★保存容器に入れて冷蔵保存し、日持ちは4～5日／冷凍室で約2週間。冷たいままでもいいが、温め直すとよりおいしい。お弁当にもグー

そぼろ納豆

茨城・水戸の郷土料理で、納豆に切り干し大根を合わせ、しょうゆで味つけしたもの。一度食べて感激してから、作り続けています。納豆を加えたらざっくり混ぜ、粘らせすぎないのがコツ。のりで巻いておつまみにも。

●材料（4～5人分）

切り干し大根（もみ洗いして水に10分つけて戻し、水けを絞って1cm幅に切る）… 20g
しょうが（みじん切り）… $\frac{1}{2}$かけ
A ｜ みりん … 大さじ2
　｜ しょうゆ … 大さじ1
ごま油 … 大さじ$\frac{1}{2}$
納豆 … 2パック（80g）
万能ねぎ（小口切り）… 3本
白いりごま … 小さじ1

1. 切り干し大根は塩小さじ$\frac{1}{3}$（分量外）をふって軽くもみ、10分おいて水けを絞る。
2. フライパンにごま油、しょうがを入れて強めの中火にかけ、香りが出たら❶を加えて油が回るまで炒め、Aを加えて汁けがなくなるまで炒め、冷ます。納豆、万能ねぎ、いりごまを加え、ざっくり混ぜる。

★保存容器に入れて冷蔵保存し、日持ちは3～4日。冷たいまま食べておいしい

上島亜紀（かみしま あき）

料理研究家。夫、社会人1年生の息子と3人暮らし。ジュニア・アスリートフードマイスター、パン講師、食育アドバイザー。神奈川県の自宅にて、料理教室「A's Table」を主宰。女性誌、テレビ、単行本でのレシピ提供、カフェや企業のレシピ監修などで活躍中。簡単に作れる家庭料理から、おもてなし料理まで幅広く提案。著書に『考えなくていい 冷凍作りおき』『ちゃんと食べてる？親に届ける作りおきおかず』（ともにナツメ社）、『一度にたくさん作るからおいしい煮込み料理』（成美堂出版）など。

作りおきできる。がっつり！ごはんの友

著　者／上島亜紀
編集人／小田真一
発行人／倉次辰男
発行所／株式会社 主婦と生活社
〒104-8357　東京都中央区京橋3-5-7
☎03-3563-5321（編集部）
☎03-3563-5121（販売部）
☎03-3563-5125（生産部）
https://www.shufu.co.jp
ryourinohon@mb.shufu.co.jp
印刷所／凸版印刷株式会社
製本所／株式会社若林製本工場
ISBN978-4-391-15508-2

アートディレクション・デザイン／小林沙織
撮影／木村 拓（東京料理写真）
スタイリング／大畑純子
プリンティングディレクション／金子雅一（凸版印刷株式会社）

撮影協力／UTUWA
東京都渋谷区千駄ヶ谷3-50-11
明星ビルディング1F
☎03-6447-0070

取材／中山み登り
校閲／滄流社
編集／足立昭子